AI 낙관론과 비관론

AI문고

인공지능 시대입니다. 기계가 인간의 인지를 대신하고, 사물이 인간을 통하지 않고 다른 사물과 직접 커뮤니케이션합니다. 이에 따른 인간 삶과 문명 변화를 정확히 이해 · 예측 · 대응하는 것은 이 시대 우리 모두의 과제입니다. AI문고는 인공지능 기술과 환경의 여러 주제를 10가지 키워드로 정리합니다. 관련 개념과 이론, 학계와 산업계의 쟁점, 우리 일상의 변화를 다룹니다. 인간과 기술의 현재, 미래를 세심히 분석합니다.

일러두기

- 인명, 작품명, 저서명, 개념어 등은 한글과 함께 괄호 안에 해당 국가의 원어를 병기했습니다.
- 외래어 표기는 현행 어문규정의 외래어표기법을 따랐습니다.

처음이세요?

전문가세요?

AI 낙관론과 비관론

유화선·정도범

대한민국, 서울, 커뮤니케이션북스, 2025

AI 낙관론과 비관론

지은이 유화선·정도범
펴낸이 박영률

초판 1쇄 펴낸날 2025년 4월 25일

커뮤니케이션북스(주)
출판 등록 2007년 8월 17일 제313-2007-000166호
02880 서울시 성북구 성북로 5-11
전화(02) 7474 001, 팩스(02) 736 5047
commbooks@commbooks.com
www.commbooks.com

ISBN 979-11-7307-822-4 03500

책값은 뒤표지에 표시되어 있습니다.

차례

AI와 인간의 미래

AI가 점점 인간을 닮아 가고 있다. AI가 인간의 여러 능력을 모방하거나 능가하는 현상을 보이고 있으며, 인간 고유의 영역이라고 여겼던 공감 능력에도 도전장을 내밀고 있다. AI 기술의 발전 속도가 워낙 빠르다 보니 AI가 사회 곳곳에 영향을 미치는 속도도 무서울 정도로 빠르다. 이제는 AI가 단순한 기술적 도구가 아닌 인간 삶의 영역에 조용히 스며들고 있어 AI를 현대 사회의 새로운 동반자로 인식하는 편이 나을지도 모른다.

다른 기술과 마찬가지로 AI 기술에 대한 인식은 사람마다 다르다. AI 옹호자들은 AI가 가져다줄 유토피아적인 시대를 상상하며 적극적으로 활용할 방안을 찾는다. 반면에 AI 회의론자들은 AI가 발전하는 방식에 우려를 표하고 심지어 인류 멸망에 대한 두려움까지 내비친다. 물론 어느 진영에 있든 AI가 지금 이 순간에도 발전하고 있다는 사실은 부정하지 않는다.

기술과 결합한 인간, 더 나아가 인간을 뛰어넘어 새로운 존재 가능성을 의미하는 포스트휴먼(Posthuman)이

예견되고 있다(Hayles, 1999). 과거에는 인간과 기계를 전혀 다른 존재로 인식했고 경계가 명확했다. 하지만 이 담론에 따르면 인간과 비(非)인간, 즉 인간과 AI의 경계는 점차 사라질 것이며, 인간과 협업하는 AI가 신(新)인류로 부상할 수 있다.

AI가 실제로 인간의 모든 능력을 갖추고 인간처럼 말하고 행동하게 된다면, AI와 관계를 맺지 않을 이유가 없다. AI를 만든 것은 인간이며, 우리가 좋아하든 싫어하든 AI는 이미 인간의 일상에 들어와 있다. 따라서 우리는 AI와 조화로운 공존을 위한 방안을 모색해야 한다. AI의 미래에 대해 낙관론과 비관론으로 의견이 분분하지만, 인간과 AI의 공존을 위해서는 기술 발전에 따른 변화보다는 인간이 어떤 변화를 원하는지 인간 중심적 사고가 우선시되어야 한다. 인간 중심 AI는 AI가 선한 의도로 발전될 수 있도록 안내한다. 결국 AI 발전이 미래 사회에 어떤 영향을 미칠지는 AI를 탄생시킨 인간의 행동에 달려 있다.

더 이상 낯설지 않은 AI

AI가 목소리를 갖게 되었다. 소위 일을 잘하는 사람을 뜻하는 '일잘러'를 우리 모두가 가질 수 있다. AI는 인간을 대신하여 업무를 수행하는 비서가 되기도 하고, 인간이 일으킨 문제를 해결하고 대안을 제시해 주는 해결사가 되기도 한다. 우리 곁에서 AI는 자신만의 역할을 톡톡히 하고 있는 것이다.

AI는 다양한 분야에 적용되어 우리의 삶을 변화시키고 있다. AI가 소설을 쓰고 그림을 그리고 영화를 제작한다. AI가 자동차를 운전하고 비행기를 조종한다. AI가 물건을 나르고 부품을 조립한다. AI가 질병을 조기 진단하고 의료 서비스를 제공한다. AI가 기후변화 및 재난 상황에 대응한다. 이와 같이 우리는 더 이상 AI가 낯설지 않은 시대에 살고 있으며, AI는 다양한 방식으로 우리의 삶을 편리하고 효율적으로 만들어 주고 있다. 더군다나 단순히 기능적인 역할을 넘어 인간과 감정을 교류하며 상호작용하는 모습으로 진화하고 있다. 2014년 개봉한 영화 〈그녀(Her)〉의 주인공처럼 우리 인간이 AI로부터 외로움을 달래고 위로를 받으면서 AI를 소통의 대상으로 삼고 있는 모습을 이제는 주변에서 종종 볼 수 있다.

만약 AI 없이 일상생활이 불가능한 상황이 온다면 사회는 어떤 모습일까? AI 없이는 정부 서비스, 의료, 교육, 산업, 교통, 재난 시스템 등이 모두 작동하지 않는 사회가 그려질 것이다. AI 없이 작동되지 않는 사회에서 인간은 생존을 위해 어쩔 수 없이 AI를 필수적으로 사용할 수밖에 없다.

프랑스 철학자 데카르트는 '나는 생각한다, 고로 존재한다'라는 명제로 인간 이성의 시대를 열었다. 만약 인간이 '생각하는 존재'의 자리를 AI에게 내어 준다면, AI가 인간과 동일한 선상에 있다고 볼 수 있을까? 인간과 AI가 함께 살아가는 시대, 인간과 AI를 구별할 수 없는 날이 올지도 모른다. 오픈AI, 마이크로소프트, 하버드대학교, 스탠퍼드대학교 등의 저명한 연구진은 'AI와 인간을 구별하는 새로운 디지털 자격증이 필요하다'는 내용의 논문을 최근 발표했다. 즉, 기술 발전으로 악의적인 행위자가 인간과 구분이 되지 않는 AI로 문제를 발생시킬 가능성이 높아졌으며, 이 문제를 해결하기 위해 단지 인간이라는 것을 확인하는 인격성 자격 증명(Personhood credentials, PHC)의 필요성을 제기했다(Adler et al., 2024).

이렇듯 인간과 AI가 공존하는 시대에는 내가 누구라는 신원 증명을 해야 하는 것이 아니라, 기계가 아닌 인간의 자격을 가진 존재임을 입증해야 할지도 모른다. 하지만 인간의 가치가 과연 AI와 견줄 대상인가? 인간이 창조한 기술은 인간을 돕기 위한 것이다. 마찬가지로 AI

가 존재하는 이유도 인류의 번영을 위해서다. 따라서 우리는 AI가 하지 못하는 인간만이 할 수 있는 영역인 인간 고유의 가치를 발휘하는 것이 중요하다.

낙관과 비관이 존재하는 AI 시대

AI의 미래는 불확실하다. AI 기술이 앞으로 어떻게 발전할지, 그로 인해 사회가 어떤 모습으로 변화할지는 예측하기 어렵다. AI 기술 발전은 인간에게 유토피아 시대를 보여 줄 것인가? 아니면 디스토피아 시대를 맞이하게 할 것인가? "AI는 선과 악을 행하는 힘을 가지고 있다"라는 일론 머스크(Elon Musk)의 메시지에 대하여 고민해 볼 필요가 있다. 이러한 기술 발전에는 항상 양면성이 존재하는데, AI 기술 역시 예외가 아니다. AI 기술 진보는 항상 긍정적인 결과를 가져다주는 것이 아니며 인류에게 전례 없는 위협을 가할 수 있는 잠재력을 지니고 있기도 하다.

구글 전 최고경영자(CEO)인 에릭 슈미트(Eric Emerson Schmidt)는 2021년 미국 인공지능 국가안보위원회(NSCAI) 위원장 시절 AI가 기후변화, 빈곤, 전쟁, 암을 해결할 것이라는 AI 예찬론을 펼쳤다. 그러나 2023년 월스트리트저널이 주최한 CEO 협의회 정상회의에서 머시

않은 미래에 AI가 수많은 사람을 살해하거나 다치게 하는 '실존적 위험'이 될 수 있다는 점을 발표했다. 불과 2년 만에 AI에 대한 긍정적 생각이 부정적으로 바뀐 것이다.

AI 기술이 미래 사회를 어떤 모습으로 만들어 갈 것인지 과학기술자와 미래학자 사이에서는 상반된 예측이 나오고 있다. 마이크로소프트의 창립자인 빌 게이츠(Bill Gates)나 메타 CEO인 마크 저커버그(Mark Zuckerberg)와 같은 기술 낙관론자들은 주로 유토피아적인 미래를 상상하는 반면, AI 연구자로 세계적으로 잘 알려진 인물 중 한 사람인 스튜어트 러셀(Stuart J. Russell)이나 미래학자 마틴 포드(Martin Ford)와 같은 사람들은 AI로 인해 인류가 어떤 위기와 도전에 직면할 것인지에 대해 경고하고 기술만능주의에 제동을 건다(맹성현, 2024).

낙관론자들은 AI가 삶의 질을 향상하며, 인간이 풀지 못한 인류 문제를 해결하고, 새로운 기회를 창출하는 역할을 할 것이라 예측한다. 반면에 비관론자들은 AI가 자율적으로 의사 결정을 내릴 수준에 도달하면 인간의 통제를 벗어날 수 있다는 우려를 내비치며, AI가 인류에게 위협이 될 수 있다고 경고한다. AI 기술에 대한 낙관론과 비관론의 대립은 현재 진행형이며, 미래에 대한 시각 차이는 AI 발전 방향에 대해 계속 고민하게 하므로 더 나은 미래를 만드는 데 기여할 수 있을 것이라 본다. AI 미래에 대한 기대는 유토피아적 사회를 만들기 위해 기술을 빠르게 발전시킬 것이며, AI 미래에 대한 우려는 AI로 인해 나타날 부정적인 영향을 최소화할 방법을 찾기 위해 노력하게 할 것이다.

다가올 미래에 대한 준비

AI 등장은 산업 발전과 경제 성장을 촉진하고, 인간의 일상생활과 업무 효율성을 높이며, 의료, 교육 등 다양한 분야에서 긍정적인 영향을 미치고 있다. 하지만 동시에 AI 기술 활용으로 만들어지는 딥페이크로 인한 가짜 뉴스 생성, 편향된 결과물 생산, 개인정보 침해 등과 같은 부작용이 사회적, 윤리적 문제를 일으키기도 한다. 특히 최근에는 AI 활용에 AI 윤리(AI Ethics)가 중요한 논점으로 부각되고 있다. 전 구글X의 신규사업개발총책임자(CBO)인 모 가댓(Mo Gawdat)은 저서 『AI 쇼크』에서 인간이 딥 러닝을 개발하게 되면서 직면하게 된 세 가지 필연적 사건을 언급했다. "인공지능이 등장할 것이다. 인공지능이 인간보다 더 똑똑해질 것이다. 실수가 생길 것이고, 나쁜 일이 일어날 것이다." 이는 AI가 악한 사람 손에 들어가면 나쁜 사람 편에 서서 사악하게 행동하는 역량을 점점 키워 갈 것이고, 그 결과는 디스토피아적 시나리오를 초래한다는 것이다.

딥 러닝을 탄생시킨 제프리 힌턴(Geoffrey Hinton)도 AI 발전을 지켜보며 과거에 대한 후회와 미래에 대한 걱정을 내비쳤다. 그는 AI로 인해 앞으로 인류는 엄청난 이득을 얻게 될 것이지만, AI로 인해 파생되는 문제점들을 해결하기 위해서는 얻은 이득의 두 배 이상을 쏟아부어야 한다고 강조했다.

공상과학 영화에서는 대부분 인간과 지능을 가진 기계가 대결한다. 인간은 기계를, 기계는 인간을 없애 버리려 한다. 요즘 현실에서도 인간은 점점 지능을 가진 기계, 즉 AI에 대한 두려움을 내비친다. 특히 곧 나타날 AGI(Artificial General Intelligence, 범용 인공지능)의 등장은 어느 순간 인간이 AI에게 조종당하게 될지도 모른다는 우려를 표한다. 또 AI에 대한 과도한 의존성과 점점 똑똑해지는 AI로 인해 우리는 AI보다 능력이 뒤처지고 있다는 상실감과 이마저도 허무하다는 자괴감에 빠져들고 있다. 심지어 인간이 만든 AI에게 오히려 인류의 존립을 위협받는 경우까지 걱정하고 있다. 왜 인간이 만들어 놓은 기계에게서 우리는 두려움을 느끼고 있는 것인가?

인간을 위협하고 있는 건 AI가 아니라, AI를 만든 인간이다. 우리의 미래는 인간의 마음가짐에 달려 있다. 미래 AI에 대한 두려움보다는 기대감이 앞설 때, 미래를 긍정적으로 준비할 수 있다. 그렇다고 지나친 낙관론을 펼치라는 것은 아니다. 우리는 유토피아적인 미래를 상상하면서 동시에 인간에게 영향을 줄 위험에 대해서도 고민을 해야 한다. 따라서 AI 기술의 위험 요소를 통제하고 긍정적인 활용 방안을 모색하기 위해 노력해야 하며, 미래 AI에 대한 책임 있는 접근법을 찾아야 한다.

가장 큰 무기, 인간다움

AI와 인간의 공존은 이미 시작되었다. AI와 인간이 바람직한 관계를 유지하기 위해 우리는 무엇을 준비해야 하는가?

미래 사회에 인간과 AI의 관계에서 일어날 수 있는 상황을 보여 주는 공상과학 영화들이 이미 오래전부터 상영되어 왔다. 1982년에 개봉한 영화 〈블레이드 러너〉는 인간의 모습을 빼닮은 레플리칸트(Replicant)들이 지구에 잠입해 인간을 사살하여 특수경찰인 블레이드 러너가 이들을 제거하게 되는데, 이 과정에서 레플리칸트는은 인간처럼 감정을 느끼지만 인공적인 기억을 가진 존재로서 스스로의 정체성을 고민하며 인간과 같은 존재로 인정받고자 한다. 또 2015년에 개봉한 영화 〈엑스 마키나〉에서 AI를 지닌 휴머노이드 로봇인 에이바는 창조자의 명령을 따르는 도구가 아닌 자유의지가 있는 독립적인 존재로 보일 만큼 복합한 사고와 감정을 드러내며, 인간까지 죽이는 섬뜩한 면모를 보인다. 이와 같이 영화에서는 인간이 AI를 만들었지만, AI와 공존하다 보면 AI에게 오히려 인간이 위협을 받게 되는 상황도 올 수 있다는 메시지를 보내고 있다.

AI는 인간과 공존할 수도, 대립할 수도 있는 존재다. AI가 인격체에 가까울 만큼 발전하게 된다면 사회는 어떤 모습을 보이게 될까?

인간이 AI보다 우월하다고 여겨 왔던 분야들이 곧 AI에 의해 도전받을 수 있다. 그렇다면 인간은 인간보다 더 인간다운 AI와의 전쟁을 선포하게 될지도 모른다. 2023년에 개봉한 영화 〈크리에이터〉처럼 말이다. 그렇다고 AI를 두려워하거나 거부하는 것은 미래 사회가 도래하기를 피하는 것과 같다. AI 발전은 피할 수 없으며, AI를 어떻게 받아들이고 활용할지를 고민해야 한다. 기술의 주체는 인간이며, 책임의 주체도 인간이라는 점을 명심

해야 한다.

AI가 대체할 수 없는 인간만의 고유한 능력은 무엇인가? AI가 아무리 똑똑해진다 해도 AI가 결코 흉내 낼 수 없는 인간의 자질은 무엇인가? AI가 인간의 행동을 모방할 수 있지만 인간의 본성은 보유할 수 있는 것이 아니다. 따라서 AI와 공존하는 시대에 중요한 것은 AI와 차별화된 인간 고유의 인간다움을 유지하는 것이다. 인간다움을 상실한다는 것은 인간도 완전히 기계화돼 버리는 것을 의미한다. 우리는 인간다움을 잃지 않기 위해 노력해야 한다.

이 책의 구성

인공지능 전환인 AX(AI Transformation) 시대, AI를 중심으로 우리 삶이 변화하고 있다. AX 시대에 필요한 것은 단순히 AI 기술을 잘 다루는 것을 넘어 AI와 함께 협력하며 잘 살아가는 모습이다. 이 책은 AI로 인해 나타날 수 있는 낙관적 및 비관적 시나리오를 통해 AX 시대에 인간의 역할을 살펴보고, 희망적인 미래를 위한 인간과 AI의 바람직한 공존 방안을 모색한다.

1장~2장은 AI의 시작과 발전 과정, 미래 전망을 소개하며, 인간이 준비해야 할 자세와 역할을 살펴본다. 1장

'지능을 가진 기계'에서는 인간의 지능을 모방하는 기계인 AI 탄생과 발전 과정을 정리하며, 우리의 일상을 바꾸고 있는 AI와 어떻게 지내야 할지에 대한 내용을 다룬다. 2장 'AI 미래 전망과 인간의 대응'은 머지않은 미래에 인간의 능력을 능가하는 AI가 등장하고, AI로 인한 인간 멸종까지 예견하고 있는데, 이에 따라 인간은 어떤 역할과 준비가 필요한지를 고민해 본다.

3장~5장에서는 AI가 가진 낙관적 시나리오를 소개하며, 다양한 사례를 통해 인간과 AI 관계를 긍정적 시선으로 바라본다. 3장 '삶의 질을 높이는 AI'에서는 특정 작업을 수행하는 AI가 인간의 비서, 친구, 가사도우미를 넘어 동반자로 진화하고 있으며, 삶을 윤택하게 해 주는 조력자로서도 활동하는 모습을 보인다. 4장 '산업 혁신을 이끄는 AI'에서는 제조업과 서비스업을 중심으로 AI 적용 사례와 그로 인한 파급 효과를 살펴보며, 경제 · 사회 전반의 혁신을 이끄는 핵심 동력이 AI임을 확인한다. 5장 '인류 난제를 해결하는 AI'는 예측 불가능한 기후변화, 아직까지 치료법이 없는 질병 등 인간이 풀지 못한 문제를 해결해 주는 선한 기계의 모습을 보여 준다.

6장~8장에서는 AI로 인해 발생하는 비관적 시나리오를 소개하며, AI가 촉발한 부작용을 사례 중심으로 살펴본다. 6장 '잘못된 정보를 제공하는 AI'에서는 AI가 편향된 결과물을 생산하고 환각 문제를 일으키는 등 음모론을 부추기는 주범이 될 수 있음을 시사한다. 7장 '사생활을 침해하는 AI'는 AI 기반의 맞춤형 서비스가 활발해지면서 개인을 식별하는 음성, 안면 인식, 생체 정보들이 오남용되거나 유출될 위험성이 높아졌으며, AI가 감시와 통제를 강화하는 기제로 작동될 수 있음을 보여 준다. 8장 '인간 생존을 위협하는 AI'에서는 AI가 인간의 개발 의도에서 벗어나 통제력을 상실하고 탈옥을 시도하여 인간의 생명과 재산을 위협할 수 있으며, 이로 인한 AI와 인간의 전쟁 가능성에 대해 살펴본다.

9장~10장은 AI의 급속한 발전이 가져다줄 미래 모습을 상상하며, 인간과 AI의 관계와 역할에 대해 정리한 내용이다. 9장 '유토피아 대 디스토피아'에서는 AI 미래를 더 나은 세상으로 변화하는 낙관적 미래와 위험과 우려를 지닌 비관적 미래로 나누어 생각해 본다. AI가 우리에게 어떤 미래를 가져다줄 것인지를 기다리기보다는 앞으로 미래를 어떻게 만들어 갈 것인지 준비가 필요하며, 결국 AI의 미래는 인간이 어떤 선택을 하느냐에 따라 달라질 것임을 보여 준다. 10장 '인간과 AI의 공존'은 인간과 AI가 어떤 관계를 맺느냐에 따라 미래 사회 모습이 달라짐을 그리며, 희망적인 미래를 위한 인간과 AI의 바람직한 공존 방안에 대해 제시한다.

인간과 AI의 관계는 끝없는 여정이다. AI 기술 발전으로 나타난 거대한 환경 변화에 인간은 점차 적응해 가고 있으며, 우리는 현재 역사적인 변곡점에 있다는 표현이 맞을지도 모른다. 인간과 AI의 공존이 일상화되는 시대에 AI와 함께 더 나은 미래를 만들기 위한 방안은 무엇일지 이 책과 함께 고민해 보는 시간을 가지기를 기대해 본다.

참고문헌

맹성현(2024). 『AGI 시대와 인간의 미래』. 헤이북스.

정한영(2023.5.25). 슈미트 전 구글 CEO "AI는 실존적 위험이다!, 인공지능이 많은 사람들 죽일 수 있을 것". ≪인공지능신문≫, https://www.aitimes.kr/news/articleView.html?idxno=28122

Adler, S., et al.(2024). Personhood credentials: Artificial intelligence and the value of privacy-preserving tools to distinguish who is real online. arXiv.

Gawdat, M.(2021). *Scary Smart*. Pan Macmillan. 강주헌 옮김(2023). 『AI 쇼크, 다가올 미래』. 한국경제신문.

Hayles, N. K.(1999). *How we became posthuman: Virtual Bodies in Cybernetics, Literature, and Informatics*. Chicago.

01
지능을 가진 기계

AI 기술 개발의 역사는 결코 순탄치 않았다. 황금기와 암흑기를 거치면서 발전했으며, 특히 챗GPT 출시로 생성형 AI 시대가 열리면서 AI는 인간의 일상 속으로 깊이 스며들었다. 사람들의 일상을 바꾸고 있는 AI는 언제부터 시작되어 어떻게 발전해 왔으며, 앞으로 AI와 인간은 어떻게 지내야 할까? AI와 함께하는 세상에서 우리는 AI를 좀 더 이해하고 AI와 친해져야 한다.

AI와 1인 창업?

AI의 태동과 발전

AI 연구가 실질적으로 시작된 역사상 중요한 시점이 있다. 1950년 영국의 수학자 앨런 튜링(Alan Turing)은 기계는 생각할 수 있다고 주장하며, 기계가 인간과 얼마나 비슷하게 대화할 수 있는지를 기준으로 기계에 지능이 있는지 판별하는 튜링 테스트(The Turing Test)를 고안했다. 이것은 AI에 대한 개념적 기반을 제공한 연구로 평가받는다. 이후 AI라는 용어는 1956년 다트머스 회의에서 미국의 컴퓨터 과학자인 존 매카시(John McCarthy)가 생각하는 능력을 갖춘 기계 연구를 제안하면서 처음 사용되었다. 그는 AI를 지능형 기계를 만드는 과학과 공학으로 정의했고 AI는 지식을 가지고 스스로 학습하고 행동할 수 있는 기계여야 한다고 했다.

AI에 대한 연구는 황금기와 암흑기를 거치면서 발전하였다. AI 용어가 발표된 이후 많은 과학자들은 머지않아 인간 수준의 AI가 등장할 것이란 기대로 AI 개발에 몰두하였다. 하지만 당시 컴퓨터 성능이 낮고 데이터가 부족한 한계로 인해 1970년대 초반 AI에 대한 관심과 투자가 감소하는 첫 AI 겨울(AI Winter)이 시작되었다. 이러한 암흑기가 지나고 1980년대부터 AI 연구는 산업계에 전문가 시스템(Expert System)이 도입되면서 다시 활발해지게 되었다. 전문가 시스템은 인간의 전문적인 지식을 정리하여 컴퓨터에 저장하고 일반인도 지식을 이용할 수 있도록 하는 시스템이다. 그러나 막대한 유지비가 들고 전문가의 지식을 추출하는 데 어려움을 겪으면서 1980년대 후반 두 번째 AI 겨울을 맞게 되었다.

그리고 다시 AI 성장은 1990년대 들어서 시작되었다. 그동안 인간의 명령으로만 작동하던 AI는 이제 스스로 규칙을 찾아 학습하게 되었다. 바로 인간이 알려 준 데이터를 중심으로 학습하는 머신러닝(Machine Learning)을 활용했기 때문이다. 이후 2000년대에는 인간의 개입 없이 인간처럼 스스로 판단하고 학습하는 딥러닝(Deep Learning)이 발전하였다. 이와 함께 컴퓨터 시스템의 발전과 데이터 양의 폭발적인 성장은 딥러닝 발전의 큰 기반이 되었는데, 2016년 세상을 놀라게 한 일이 생겼다. 바로 구글 딥마인드가 개발한 알파고(AlphaGo)가 세계 최강 바둑기사인 이세돌을 4승 1패로 이긴 것이다. 인간을 꺾은 AI 탄생은 본격적으로 AI 시대로의 전환을 알리는 신호탄이 되었다.

AI 발전 궤도는 기계가 자체적으로 학습하고 점차 인간의 개입을 줄이면서 인간의 뇌처럼 스스로 생각하고 판단하는 모습으로 진화하였다. 이러한 흐름 속에서 미국의 AI 전문기업인 오픈AI가 GPT-3.5(Generative Pre-trained Transformer) 모델을 기반으로, 2022년 11월 챗GPT(ChatGPT)를 출시하며 생성형 AI(Generative AI) 시대로의 전환의 포문을 열며 전 세계적인 파장을 가져왔다. 챗GPT는 대화형 인공지능 챗봇(Chatbot)으로, 이용자의 질문에 대하여 완성도 높은 대답과 자연스러운 대화가 가능할 뿐만 아니라 코딩, 글쓰기, 콘텐츠 생성, 문제 해결 등 인간의 다양한 활동을 지원하며 폭발적인 인기를 끌었다.

이러한 챗GPT 열풍은 AI를 인간의 일상 속으로 들여왔다. 과거에는 AI를 발전시키기 위해 인간만이 노력했다면, 이제는 AI도 인간의 일상을 바꾸기 위해 움직이고 있는 것이다. 결국 AI는 인간과 함께 성장하며 우리가 선택한 방향에 따라 새로운 시대를 열어 가게 될 것이다.

AI의 일상화

AI 기술 발전에 가속도가 붙으면서 AI 일상화 실현이 가까워지고 있다. 스마트폰의 음성 인식을 통해 사용자에게 필요한 정보를 제공하고, 추천 알고리즘을 통해 주변의 음식점과 카페를 추천해 준다. AI 로봇이 고기를 굽고, 치킨을 튀기고, 피자를 만들고, 라면을 끓여 주며, 음식 포장에 서빙까지 한다. 사람이 운전하지 않아도 자동차가 스스로 주행하고, 집 밖에서 조명, 온도, 보안 시스템을 자동 제어할 수 있다. 이뿐만 아니라 얼굴 또는 지문 인식만으로 금융 서비스를 제공받고, 내 취향에 맞게 추천해 준 유튜브 영상을 시청하며, 간단한 텍스트 작성으로 예술 작품을 만들 수도 있다. 즉, AI의 일상화는 AI가 우리의 생활에 스며들어 인간의 삶의 질을 높이는 현상을 의미한다.

AI의 발전은 고속 성장을 이어 갈 것으로 전망되고 있다. 전 세계 AI 시장 규모는 2023년 1502억 달러(약 200조 원)에서 2030년에는 1조3452억 달러(약 1800조 원) 규모로 아홉 배 정도 성장할 것으로 예측된다. 이러한 AI 성장으로 AI가 우리의 일상생활에 빠른 속도로 더욱 깊숙이 진입하여 인간의 업무를 보조하거나 대체하게 될 것이다.

인텔 최고경영자(CEO) 팻 겔싱어(Pat Gelsinger)는 "AI가 인류 진보의 모든 영역에서 역할을 할 것"이라고 언급(2024.3)하였다. AI가 단순 일상생활의 편의를 추구하는 것을 넘어 교육, 금융, 제조 등 다양한 분야에서 혁신을 촉진하며, 특히 과학기술, 법률, 의료 및 생명과학 등 고도의 전문성이 필요한 분야에서도 사람을 대체하는 새로운 주체로 발전 가능성이 제시되고 있다.

한국리서치에서 실시한 '2024 인공지능 인식조사'에 따르면, 세대 및 학력에 따른 큰 차이 없이 AI에 대한 관심도가 높으며, AI가 '우리 사회'에 '긍정적인 영향'을 미친다는 인식은 66%, '긍정도, 부정도 아니다'는 27%, '부정적 영향을 준다'는 7%로 긍정적인 입장이 우세하다. 즉 AI가 우리 사회에 미치는 긍정적인 영향에 사람들은 좀 더 공감하고 있다.

AI를 활용할 수 있는 분야가 상당히 다양하기 때문에 AI 일상화는 기술 혁신에 그치지 않는다. AI가 다양한 분야에 접목되면서 단순 열광을 넘어 일상으로 빠르게 스며들고 있으며, 계층이나 소득 구분 없이 누구나 AI와 함께 일상을 영위할 수 있게 되었다. AI와 함께하는 세상을 피할 수 없다. AI가 우리의 삶을 더욱 윤택하고 편리하게 만들어 준다면, 이를 효과적으로 활용하기 위해 AI를 이해하고 AI와 친숙해지는 것이 필요하다.

참고문헌

관계부처 합동(2024). AI 일상화를 위한 '24년 국민·산업·공공 프로젝트 추진계획(안).

김지현(2024.3.15). AI의 시작과 발전 과정, 미래 전망. ≪SK 하이닉스≫,

https://news.skhynix.co.kr/post/all-around-ai-1
일본경제신문사(2019). 『2045 인공지능 미래보고서』. 반니.
https://www.tooltester.com/en/blog/ChatGPT-statistics/
한국리서치(2024), 『2024 인공지능 인식조사』. 주간리포트 제292-2호.
Markets and Markets(2024). Artificial international market global forecast to 2030.

02
AI 미래 전망과 인간의 대응

인간의 능력을 능가하는 AI가 머지않은 미래에 등장할 것이다. AI와 함께하는 미래는 어떤 모습일까? AI는 긍정적이면서도 부정적인 야누스의 얼굴을 가지고 있다. AI 발전으로 나타날 미래 모습이 항상 평화로우면 좋겠지만 AI가 인간에게 위협이 될 수 있다는 사실을 잊지 말아야 한다. 미래를 어떻게 만들어 갈지는 인간의 선택과 결정에 달려 있다.

AI와 MBTI?

인간을 능가하는 AI

인류의 기술 발전 속도는 시대를 거듭하면서 기하급수적으로 가속화되어 왔다. 1990년 월드 와이드 웹(World Wide Web)이 등장하며 인터넷 시대가 열렸고, 2007년 애플(Apple)의 아이폰(iPhone)을 시작으로 스마트폰 대중화가 이루어졌다. 그리고 2022년 말 오픈AI가 챗GPT를 출시하며 본격적인 AI 시대를 이끌고 있다. 불과 몇 년 전까지만 해도 AI는 단순 계산이나 패턴 인식 정도만 가능했다. 하지만 이제는 AI가 인간 수준으로 복잡한 문제를 해결하고, 우리 일상에 깊숙이 파고들고 있다. 현재 기술 발전 속도를 감안할 때, 과연 인간의 능력을 능가하는 AI는 언제쯤 등장할까?

미국 미래학자 레이 커즈와일(Ray Kurzweil)은 '수확 가속의 법칙(Law of Accelerating Returns)'을 언급하며, 기술이 축적되고 축적된 기술이 진화를 빠르게 하면 기술 진화의 가속도가 붙게 된다고 설명했다. 즉, 본래 기술 진화의 가속도는 현재까지 축적된 기술에 의존하게 되는데, 새로운 기술은 모두 현재까지의 기술에 의해 효율적으로 개발된다는 의미다. 커즈와일은 이 법칙을 통해 AI 기술 발전도 가속도를 내게 될 것이라 보았으며, 이로써 결국 AI가 인간의 손을 떠나 스스로 진화를 거듭하게 될 것이라 예측할 수 있다.

AI 기술은 현재 어디쯤 지나고 있을까? AI는 기술 발전 정도에 따라 약인공지능(Weak AI), 강인공지능(Strong AI), 초인공지능(Superintelligent AI)으로 구분할 수 있다. 약인공지능은 특정 주제의 분야에서 주어진 일을 인간의 의도에 따라 수행하는 인공지능으로, 방대한 양의 데이터를 학습시켜 인간의 프로그래밍 없이도 스스로 인간의 특정 문제를 해결하는 것을 목표로 한다. 예를 들어, 음성 인식, 날씨 예측, 추천 시스템 등이다.

반면에 강인공지능은 인간과 동등한 지능을 가진 인공지능으로, 범용인공지능(Artificial General Intelligence, AGI)이라고 하기도 한다. AGI는 특정 작업을 수행하는 AI 시스템을 넘어 인간이 할 수 있는 거의 모든 종류의 지적 작업을 수행하는 능력을 갖춘 것을 의미한다. 즉, 인간처럼 추론, 학습, 문제 해결 등을 수행할 수 있다. 언제 그 수준에 도달할 수 있을지에 대한 의견은 분분하지만, 챗GPT의 등장이 분수령이 되어 AGI의 출현을 극적으로 앞당겼다는 견해가 지배적이다(맹성현, 2024). 스스로 학습하고 창작하는 AGI가 우리 일상에 보급된다면 그 파급력은 우리가 그동안 보지 못한 수준일 것으로 예상된다.

초인공지능(Superintelligent AI, ASI)은 인간을 뛰어넘는 지능을 가진 인공지능으로, 공상과학 영화에서 보았을 법한, 인간의 모든 지적 능력을 초월하여 놀랄 만한 수준의 학습, 문제 해결, 창의성 등을 갖게 될 것으로 예측된다. 소프트뱅크 손정의 회장은 미래 AI에 대해 "2035년까지 인간 지능을 초월하고 감정을 이해하며 초지성을 가진 ASI가 등장할 것이며, 개인의 이익을 넘어 가족, 세상을 생각하는 초지성의 AI를 설계해야 인류 파멸 없는 행복한 세상을 살아갈 수 있다"라고 언급했다. 즉, ASI가 10년 이내에 실현될 것으로 전망하면서도 영화 〈터미네이터〉와 같은 비극적인 미래를 맞이하지 않기 위해서는 인간을 위하는 안전한 기능을 갖춘 초지성을 강조하고 있다. 지성은 지능과 달리 감성과 조화를 통해 도덕적 및 윤리적 판단이 가능하다. 따라서 10년 후 인간보다 뛰어난 ASI 도래로 인해 인류가 위협받지 않기 위해서는 인간의 감성도 이해하도록 학습시켜야 한다는 것이다.

현재 기술 진화 단계는 AI에서 AGI로 가는 과정이라 볼 수 있으며, 생성형 AI 기술의 보급 확대로 AGI를 실현하기 위한 다양한 시도가 진행되고 있다. AI가 인간과 대등해지고, 이에 더해 인간의 능력을 뛰어넘는 순간 우리는 AI를 어떻게 대해야 하는가? 가까운 미래에 AGI와 ASI의 시대가 예측되고 있다. AI의 급격한 발전 속도는 놀랍지만 인간의 복잡한 지능과 감성을 완전히 대체하기에는 아직 시간이 필요하다. AI가 인간을 능가하려고 꿈틀거리고 있을 때 인간도 AI 발전에 따른 영향과 책임을 신중하게 고민하고 미래를 준비해야 한다.

AI는 책임지지 않는다

AI 종말론이 등장했다. 최근 컴퓨터 과학자인 로만 얌폴스키(Roman Yampolskiy) 교수는 AI가 100년 안에 인간을 멸종시킬 수 있는 가능성이 99.9%에 달한다고 주장했다. 미래에는 AI가 인간을 해칠 것이며, 인간이 AI를 통제하는 것은 사실상 불가능하다는 것이다. 실제로 미국 공군의 AI 드론이 '임무에 방해된다'며 드론 조종사를 폭격한 일이 벌어졌다. 가상훈련이라 인간이 죽거나 다치지는 않았지만, AI가 인간의 명령을 듣기보다는 자의적인 판단으로 인간을 공격할 수 있다는 우려가 나온다. AI가 인간을 위협하는 일이 현실이 될 수 있다는 가능성을 보여 준 것이다.

AI를 길들일 수 있을까? AI는 인간의 삶을 편리하게 하고 인간이 풀지 못하는 문제를 해결하는 잠재력을 가지고 있으나, 글로벌 업계 리더와 전문가들은 AI 위험성을 경고하고 있다. AI가 전염병이나 핵전쟁만큼 인류에게 실존적 위협을 가할 수 있으므로 AI로 인한 인류 멸종을 막기 위해 노력해야 한다는 것이다. 사생활 침해, 차별, 편견, 허위 정보, 데이터 보안 위험 등 AI로 인해 발생하고 있는 폐해는 이미 너무 많고, 특히 고도로 발전한 AI의 위험 요소로 '통제력 상실'과 '무기화'가 꼽힌다 (Gladstone AI, 2024).

AI 기술이 발전할수록 위험성에 대한 수위가 더욱 높아지고 있으며, 이로 인해 AI 개발의 한시적 중단과 이를 규제할 국제기구의 필요성도 제기되고 있다. 특히 AGI와 ASI 시대가 다가올수록 AI 기술을 통제할 수 있는 시스템, 즉 윤리적 · 기술적인 안전장치가 필요하다.

AI를 착하게 사용하면 인류에게 큰 편안함과 즐거움을 주겠지만, 반대의 경우라면 핵전쟁과 같은 일이 발생해 인간이 위험에 노출될 것이다. 즉, AI를 어떻게 활용할 것인가에 대한 우리의 선택이 인류의 미래를 결정할 것이다.

참고문헌

김정아(2024.10.30). 손정의 "2035년까지 인공초지능 개발될 것".

≪한국경제≫,
https://www.hankyung.com/article/202410307559i
맹성현(2024). 『AGI 시대와 인간의 미래』. 헤이북스.
알바트로스(2023.7.23). AI의 특이점: 약인공지능(AI)과 강인공지능(AGI) 그리고 초인공지능(ASI). ≪SUPERB AI≫, https://blog-ko.superb-ai.com/ai-singularity-ai-agi-and-asi/
임태준(2024.6.4). 가장 우울한 'AI 종말론' 등장…"100년 내 인간 멸종 확률 99.9%". ≪AI TIMES≫, https://www.aitimes.com/news/articleView.html?idxno=160329
Coeckelbergh, M.(2020). *AI Ethics*. MIT. 신상규·석기용 옮김(2023). 『AI 윤리에 대한 모든 것』. 아카넷.
Gladstone AI(2024). "An Action Plan to increase the safety and security of advanced AI".
Kurzweil, R.(2007). *The Singularity is Near: When Humans Transcend Biology*. 김명남·장시형 옮김(2025). 『특이점이 온다: 기술이 인간을 초월하는 순간』. 김영사.

03

삶의 질을 높이는 AI

인간의 삶에서 AI의 선한 영향력을 살펴본다. 과거 공상과학 영화에 등장했던 장면이 이미 현실화하고 있다. 영화에서는 AI의 부정적 측면을 많이 부각하고 있지만 현실 세계에서는 인간의 삶을 윤택하게 만들어 주는 모습도 많다. AI는 우리 곁에 항상 존재하고 있다. 따라서 AI를 우리 삶의 일부로 받아들이고, AI와 함께 생활하고 일하는 것에 익숙해져야 한다.

AI와 난임 극복?

일상의 동반자

나의 스마트폰에 "오늘 날씨가 어때?"라고 물어보면 실시간으로 날씨 정보를 알려 주며, "내일 오전 9시에 회의가 있으니 알람을 맞춰 줘"라고 요청하면 AI는 캘린더와 연동해 알림을 자동으로 설정한다. 이것은 애플의 시리(Siri), 아마존의 알렉사(Alexa), 구글의 어시스턴트(Assistant)와 같은 AI 기반의 음성 비서의 역할이다.

하지만 AI는 이러한 기존 AI 음성 비서에서 한 단계 더 진화하여 개인화된 경험을 제공하는 방향으로 변화하고 있다. 최근 구글, 애플, 마이크로소프트, 오픈AI 등 빅테크 기업들의 최대 관심사는 AI 비서다. 한국의 네이버, 카카오, SK텔레콤도 한국어 기반의 AI 비서를 통해 시장 경쟁력을 높이고 있다. 그들은 자연어 처리 기술 및 음성 인식 기술 발전을 통해 사용자 편의를 증대하고 있으며, 치열한 기술 개발 경쟁을 통해 복잡한 질문에도 정확하게 답변하고, 더 자연스럽게 소통하는 AI 비서를 앞다퉈 공개하고 있다.

일본 시장조사분석기관인 글로벌 인포메이션에 따르면, AI 가상 비서의 시장 규모는 2024년 147억7000만 달러에서 2030년에는 474억 달러에 달할 것으로 전망된다. 일상생활뿐만 아니라 직장에서도 AI 비서의 활용이 확장되고 있다. 이제는 누구나 AI 개인 비서를 곁에 둘 수 있는 시대가 도래한 것이다.

차세대 AI 비서는 사용자의 말투와 표정을 통해 감정을 파악하고, 습관과 선호도를 학습하여 개인화된 서비스를 제공하는 수준까지 이르렀다. 즉, 사용자의 행동, 환경 등을 고려하여 최적의 정보와 맞춤형 서비스를 제공하는 것이다. 예를 들어, 이전에 사용했던 상품의 재구매 시기를 알려 주고, 집에서 요리하는 사용자에게 레시피를 추천하고, 스트레스를 감지해 명상 음악을 추천할 수 있다. 직장에서는 AI가 일정을 관리하고, 회의 내용을 정리하며, 보고서 작성을 도와준다. 오픈AI 최고경영자(CEO)인 샘 올트먼은 2024 세계경제포럼에서 "AI로 인해 직업이 대체되는 것이 아니라 사람의 역할이 변화할 것"이라고 주장했다. 이는 AI를 효율적으로 활용하는 능력이 중요하다는 것을 의미한다. 따라서 우리는 AI를 다양한 상황에서 활용하고 경험해 보는 시간을 충분히 가져야 한다. AI 기술을 배우려는 것보다 AI와 함께 생활하고 일하는 것에 익숙해지는 것이 중요하다. AI를 효과적으로 활용할 때 우리의 능력도 향상될 수 있으며 미래 사회에서 경쟁력을 갖출 수 있게 될 것이다.

기존에는 사용자의 명령에 따라 AI가 움직였다면 이

제는 명령이 아닌 습관 등 암묵적인 행동을 기반으로 AI가 움직이고 있다. AI는 인간의 비서, 친구를 넘어 동반자로 진화하고 있다. 마치 영화 〈아이언맨〉의 주인공인 토니 스타크의 AI 비서 '자비스'가 현실 세계에 등장한 것처럼 말이다. 그들은 친구처럼 농담을 주고받기도 하고, 위험을 감지하여 프로그램을 돌려 해킹과 전투까지 관여하기도 한다. 이런 자비스처럼 인간과 동일한 수준으로 판단하고 활동하는 복합지능형 AI가 우리의 동반자로서 활동하는 날이 머지않았다.

윤택한 삶을 만들어 주는 조력자

인간은 호모 테크니쿠스(Homo Technicus), 즉 기술과 공존하며 진화해 온 존재다. AI라는 새로운 기술로 인간의 삶은 새로운 장이 열리고 있다. AI는 단순 도구적 차원을 넘어 인간과 협력하며 일상의 부담을 덜어 주고 삶의 질을 윤택하게 만드는 데 기여하는 조력자로 자리 잡고 있다.

AI는 사용자들의 삶의 패턴을 분석하여 그들의 삶이 좀 더 윤택해질 수 있도록 돕는 역할을 하고 있다. 특히 건강 관리, 자산 관리, 가사 자동화, 돌봄 지원 등 다양한 분야에서 우리의 삶을 효율적으로 관리하고 지원하고 있다. 사례들을 살펴보면 다음과 같다.

사용자의 건강 관리를 위해 건강 상태를 정밀하게 측정하여 맞춤형 관리 방안을 제안한다. 애플 워치와 같은 AI 기능을 입은 웨어러블 기기가 사용자의 심박수, 호흡수, 수면 패턴, 혈중 산소 포화도 등을 분석하여 건강 지킴이 역할을 자처한다. 그리고 건강 관리 앱(App)을 통해 스마트폰에 손가락을 대면 혈관 건강을 체크하여 운동, 식단 등을 제안해 주며, 음식을 촬영하면 AI가 영양 성분 등을 분석해 개인의 건강 상태에 비춰 적절한 식단인지 평가하고 맞춤형 식단을 추천해 준다. 이와 같은 AI를 활용한 생활 습관 관리 및 모니터링 분야는 2030년까지 연평균 45.6% 성장할 것으로 전망되어, AI는 우리의 건강 관리에 점점 더 깊게 접목될 것임을 암시하고 있다.

가정에서 AI 활용은 사용자의 노동시간을 감축하고 있다. 전문가들은 집안 청소, 빨래, 의류 정리, 다림질, 음식 조리, 설거지, 정원 관리 등 현재 우리가 가사 노동에 사용하는 시간의 40% 정도가 향후 10년 이내 자동화될 수 있다고 주장한다. 가사 노동 제로(Zero) 시대가 머지않았음을 의미하는 것이다. AI 기반 가사 자동화를 통해 휴식, 자기 계발, 여가 활동, 가족과 함께하는 시간이 늘 수 있기 때문에 AI는 단순히 노동시간을 감축하는 도구에 머물지 않고 인간의 일상에 편리함을 가져다주고 사람들이 가치 있는 활동에 집중할 수 있는 기반을 마련해 준다.

자녀와 노인을 돌보는 업무를 AI 로봇에게 맡길 수 있을까? 가사 노동과 다르게 돌봄 업무는 자동화가 어렵다고 예측되고 있다. 기술적 요인이 아닌 인적 요인이 더 큰 영향을 미치기 때문이다. 따라서 전적으로 돌봄 업무를 대체하기보다는 조력자로서 AI의 역할이 커지고 있다. 노인과 대화하는 AI 돌봄 로봇은 외로움을 줄이는 정서적 동반자로 역할을 하며, 약 복용 시간 알림, 응급상황 대처 등의 기능을 추가해 일상생활의 독립성을 지원한다. 자녀 돌봄에서도 AI는 부모와 보호자의 역할을 보조한다. 부모가 부재중일 때 대화와 놀이를 통해 AI 로봇이 정서적 안정감을 주고, 위험한 행동이 감지될 때 경고를 보내며, 아이들의 학습 수준과 관심사를 파악해 교육을 지원한다. 자녀와 노인 돌봄을 지원하는 AI 서비스는 물리적 노동을 대체하는 것을 넘어 정서적 안정감을 제공하며, 수요에 비해 한정된 돌봄 인력을 대신해 더 많은 사람들이 돌봄의 혜택을 누릴 수 있도록 해 준다.

인간의 도구로 시작된 인간과 AI의 관계가 AI의 지능이 높아짐에 따라 인간과 공존의 관계로 전환되고 있다.

AI를 우리 삶의 일부로 받아들이고 AI의 활용 능력을 강화해 더 나은 삶을 만드는 데 전념할 필요가 있다.

참고문헌

김수경 외(2024). 『9대 이슈로 살펴본 2024 세계경제포럼(WEF)』. 삼정KPMG 경제연구원.

박도휘 외(2024). 『AI로 촉발된 헬스케어 산업의 대전환』. 삼정KPMG 경제연구원.

Mordor Intelligence(2024). Intelligent Virtual Assistant (IVA) - Market Share Analysis, Industry Trends & Statistics, Growth Forecasts, https://www.mordorintelligence.com/industry-reports/intelligent-virtual-assistant-market

World Economy Forum(2023). Domestic chores could be done by robots 40% of the time within a decade.

04
산업 혁신을 이끄는 AI

AI는 현재 모든 산업의 혁신을 이끄는 핵심 동력임이 자명하다. 제조업에서 AI 활용으로 제품 개선, 비용 절감, 생산성 제고 등 가시적인 성과를 창출하고 있으며, 서비스업에서 AI는 소비자의 관심사와 선호도에 따라 맞춤형 경험을 제공하여 소비자의 만족도를 높이고 있다. 다양한 산업 분야에서 다양한 방법으로 우리에게 혜택을 주고 있는 AI, 그 영향력은 계속 커질 것이다.

AI와 사주?

AI가 바꾸는 생산 방식

과거 AI가 이론적 연구나 일부 산업에서 시험 적용 단계에 머물렀던 데에서 벗어나 제조업의 근간을 재편하고 있다. AI는 제품 설계, 예측 · 유지보수, 공정 자동화, 품질 관리, 공급망 개선 등 제조업의 모든 과정에 도입되어 전통적인 제조 방식을 넘어 새로운 기회를 제공하고 있다.

AI가 제조업을 변화시키는 현상은 전 세계적으로 빠르게 확산될 것으로 예상된다. 글로벌 제조 분야 AI 시장 규모는 2023년 32억 달러에서 연간 45.6% 규모로 성장하여 2028년에는 208억 달러에 이를 것으로 전망된다. 특히 2035년 글로벌 제조업 시장에서 AI 수익성이 3조 7800억 달러에 이를 것으로 전망되는데, 이는 유통(2조 2300억 달러), 전문 서비스(1조8500억 달러), 금융(1조 1500억 달러), 공공 부문(9390억 달러) 등의 분야보다 높은 수치로, AI가 제조 기업의 경쟁력을 좌우하는 결정적인 요소임을 보여 준다.

제조 기업에서 AI는 예측 분석, 자율 로봇 공정, 맞춤형 생산, 스마트 팩토리 운영 등 다양한 영역에 도입되어 운영 중에 있다. 이를 통해 생산 효율성 향상, 운영 비용 절감 등의 성과가 가시화되고 있다.

AI를 선제적으로 활용한 제조 기업들은 실제 이러한 성과를 경험하고 있다. 미국 완성차 제조 기업인 포드(Ford)는 AI 기반 예측 유지보수 시스템을 사용하여 기계 고장 이전에 필요한 수리를 예측함으로써 가동 중단 시간을 크게 줄였다. 세계적인 전기전자 기업 지멘스(Siemens)도 AI를 활용해 실시간으로 데이터를 분석하여 생산 공정을 최적화하고 불량률을 줄이며 에너지 소비를 절감하고 있다. 국내 철강회사 포스코(POSCO)는 제철소 내 각종 설비와 공정에 AI 기술을 접목하여 최적의 조업 조건을 도출함으로써 생산성을 향상했다. 또 자동차 기업인 BMW는 로봇 기업인 피겨(Figure)와 손잡고 인간과 유사한 형태를 지닌 AI 기반의 휴머노이드 로봇을 개발하고 자동차 공장 생산라인에 시험 투입하여 머지않아 실현될 완전한 공장 자동화를 기대하게 하고 있다. BMW뿐만 아니라 테슬라, 현대자동차 등 기업도 차량 제조 공정에 휴머노이드 로봇 투입을 목표로 하여 연구를 진행 중에 있다.

이처럼 기업의 AI 적용은 제조업에 혁신을 가져오고 있으며, 경쟁력을 높이는 데 핵심 역할을 한다. AI 도입은 제조 공정을 자동화하는 것을 넘어 인간 노동의 역할을 재정의하는 변화를 이끌 것이다. 즉, 인간의 개입 없이 AI의 의사 결정으로 공정이 운영될 수 있는 시대가 곧 올 것이다.

AI가 선도하는 서비스 혁신

AI 기술을 도입하여 서비스 산업을 혁신하는 사례가 점점 늘어나고 있다. 서비스 산업은 제조업과는 다르게 형체가 없는 무형성, 서비스의 표준화와 규격화가 힘든 이질성, 생산 · 구매 · 소비가 동시에 일어나는 비분리성, 보관과 저장이 불가능한 소멸성의 특징을 가진다. 이는 서비스가 인간을 통해 제공된다는 전제로 도출된 전통적인 특징이다. 그러나 최근에는 서비스의 수행 주체가 인간에만 한정되지 않는다. AI가 인간을 대체하여 서비스 제공자가 되기도 하고, 서비스를 소비하는 방식도 변화시키고 있다.

요즘 우리는 카페나 음식점에 들어가면 가장 먼저 누구를 만나는가? 사람이 아닌 AI를 탑재한 키오스크 또는 테이블 위의 태블릿이 고객을 맞이한다. 사람들은 자신이 원하는 음식을 직원에게 말하는 대신 키오스크나 태블릿 화면을 눌러 주문한다. 이뿐만 아니라 AI를 탑재한 로봇이 사람 대신 서비스를 수행한다. 카페에서 음료를 제조하는 바리스타 로봇, 식음료를 배달해 주는 서빙 로봇, 박물관과 미술관에서 작품을 설명해 주는 문화해설 로봇, 어르신들의 정서와 건강을 살피는 돌봄 로봇 등 우리의 일상 속에서 AI를 탑재한 로봇이 다양한 서비스를 제공하고 있다. 실제로 KDI 연구보고서에 따르면, 2030년에 패스트푸드 종업원, 음료 조리사, 청소원, 재봉사, 주방장 및 요리연구가 등은 전체(100%) 직무의 자동화가 가능할 것으로 예상하고 있다. 즉, AI 기술 확산이 대면 접점의 대상을 변화하게 하고, AI와 협업하는 일자리가 늘거나 AI가 인간의 일자리를 대체하는 등 새로운 노동시장의 모습이 나타나고 있다.

AI는 쇼핑, 패션, 여행 등의 분야에서도 혁신적인 서비스를 제공하고 있다. 일례로 유통업체 월마트(Walmart)는 AI 기술을 이용하여 소비자들에게 맞춤형 쇼핑을 제안한다. 또 루이비통, 디올, 아디다스, 뉴발란스 등 유명한 패션 브랜드들도 프랑스 AI 스타트업인 휴리테크(Heuritech)의 AI 기술을 활용해 패션 트렌드를 예측하고 있다. 이러한 AI 시스템은 방대한 양의 데이터 분석을 통해 소비자의 관심사와 선호도에 맞춰 최적화된 정보를 제공하고 있는 것이다.

서비스 산업에서 AI 역할이 확대되면서 해당 산업의 성장 속도는 더욱 가파르게 증가할 것으로 예상된다. 특히 AI가 제공하는 서비스 영역이 늘수록 인간이 느끼는 편리함과 효율성도 높아질 것이다. 산업에 AI 기술 접목은 경제·사회 전반에 혁신을 이끄는 핵심 동력임이 자명하다.

참고문헌

김성현(2024.9.30). 韓 제조업 필수 생존 전략은 'AX'...제조 대기업 중심 AI 총력전. ≪아주경제≫, https://www.ajunews.com/view/20240929163253698

알바트로스(2024.11.12). 선택이 아닌 필수, 제조업계의 생성형 AI 도입 사례 살펴보기. ≪SK주식회사 C&C≫, https://www.skcc.co.kr/insight/trend/3000

한요셉(2023). 『인공지능으로 인한 노동시장의 변화와 정책방향』. 한국개발연구원(KDI) 연구보고서 2023-03.

Markets and Markets(2024). Artificial Intelligence in Manufacturing Market Global Forecast to 2028.

NVIDIA(2024). NVIDIA T4. https://www.nvidia.com/ko-kr/data-center/tesla-t4/

NVIDIA(2025). NVIDIA H100 Tensor 코어 GPU. https://www.nvidia.com/ko-kr/data-center/h100/

Stanford HAI(2024). Artificial intelligence index report 2024. https://aiindex.stanford.edu/report/

Zeithaml V., et al.(1985). Problems and Strategies in Service Marketing. *Journal of Marketing*, 49 (2), 33-46

05
인류 난제를 해결하는 AI

AI는 예측 불가능한 기후 변화, 아직까지 치료법이 없는 질병 등 인류 난제를 해결할 수 있는 수단으로 제시되고 있다. 이미 AI는 환경 위기를 해결하는 데 긍정적인 역할을 수행하고 있으며, 건강과 의료 분야에서 혁신적인 변화를 이끌고 있다. 지속 가능한 미래를 추구하고 불치병을 극복하는 등 인류 난제를 해결하는 모든 과정에서 AI는 그 중심에 있으며, 불가능을 가능으로 만들 것이다.

AI와 아이돌?

환경 위기에 대응하는 AI

예측 불가능한 기후 변화, 아직까지 치료법이 없는 질병 등 과거에 사람들은 인간의 한계를 넘어선 난제 앞에 좌절하였으나, AI가 이를 해결할 수 있는 수단으로 제시되고 있다. 특히, 최근에 환경 오염이 심화되고, 기상 이변으로 인한 각종 재난 · 재해, 에너지 · 식량 부족 등 인류가 직면한 환경 문제의 심각성이 더욱 커지고 있다. AI를 활용하면 기후 모니터링 및 예측, 에너지 · 자원 효율성 증대, 재난 대응 등 환경 위기를 해결하는 데 긍정적인 변화를 가져올 수 있을 것이다.

먼저, AI는 환경 데이터를 수집 및 분석하여 기후 변화, 대기 오염 등을 예측할 수 있다. 미국 국무부와 나사(NASA)는 AI 기반 대기 질 예측 시스템을 개발하였다. 이 시스템은 위성 데이터와 지상 데이터를 결합하고 AI 기술을 활용하여 대기 오염의 패턴을 분석함으로써 전 세계의 대기 질을 예측한다(정한영, 2024). 미래의 대기 질 예측을 통해 오염원을 파악하고 대기 정화를 위한 효과적인 전략을 마련할 수 있을 것이다. AI 기반 예측 모델은 홍수, 가뭄, 태풍 등과 같은 이례적인 기후 변화나 자연 재해의 발생 가능성을 모니터링하여 대비책을 마련하는 데에도 기여할 수 있을 것이다.

그리고 AI는 에너지 관리 시스템의 전력 사용량을 최적화하여 에너지의 효율성 증대를 가능하게 한다. 삼성 SDS는 엄청난 전력을 소비하는 데이터센터에 AI 기술을 적용해 전력 소모를 낮추는 기술을 개발하였다. 열이 많이 발생하는 데이터센터는 에어컨 등을 사용하여 온도를 낮추는 것이 중요한데 AI가 적정 온도에 맞게 에어컨을 조절하여 전력 손실을 최소화하였다. KT는 AI가 냉난방 설비 구조와 실내 공간, 기존의 에너지 소비 패턴 등을 학습하여 건물 내부의 온도를 자동으로 관리하였으며, 이를 통해 에너지 소비량을 감소시켰다(김동원, 2021). 자원 효율성 측면에서도 AI가 토양 건강을 분석하고 농부들의 비료 사용을 최적화함으로써 비료 사용의 효율성 향상 및 환경 보호에 도움을 주고 있으며, 물 사용 패턴을 분석하여 물을 절약할 수 있는 효율적인 관리 방안도 제시할 수 있다.

재난 대응과 복구 과정에서도 AI가 중요한 역할을 한다. AI는 과거 데이터와 실시간 정보를 바탕으로 재난의 발생 가능성을 매우 높은 정확도로 예측하고 있지만, 모든 재난을 완전히 예방하는 것은 현실적으로 불가능하다. 홍수, 태풍, 지진 등과 같은 재난 상황 발생 시 빠른 판단이 요구되며, AI는 신속하고 효율적인 대응에 큰 도움을 제공한다. AI는 CCTV 영상을 분석하여 피해 지역을 즉각적으로 감지하고 재난 대응 기관에 신속하게 전달함으로써 초기 대응 시간을 대폭 단축할 수 있다. 또 카메라, 드론 등을 통해 수집된 다양한 데이터를 실시간으로 분석하고 피해 상황을 파악하여 구조가 필요한 지역을 빠르게 식별할 수 있다. 예를 들어 지진이 발생하면 AI는 지진의 규모와 영향을 파악하여 대피 경로를 안내할 뿐만 아니라, 구조 대상자 위치 추적, 구조 인력 배치 등으로 구조 작업의 효율성을 높일 수 있다. 재난을 복구하는 과정에서도 AI는 피해 규모를 면밀히 측정하여 복구 작업의 우선순위를 결정하는 데 활용될 수 있을 것이다.

전 세계적으로 사람들이 폭염과 폭우, 가뭄 등 환경 위기를 체감하면서, 앞으로 지속 가능한 미래를 위해 기후변화에 대응하는 '기후테크'가 크게 주목받고 있다. AI는 지속 가능한 에너지 기술, 탄소 포집 및 저장 기술 등과 같은 혁신 기술을 실현하는 데 가장 중요한 도구로서 활용될 것이다.

건강 문제를 해결하는 AI

AI는 이미 건강과 의료 분야에서 혁신적인 변화를 이끌고 있으며, 다양한 분야에서 성과를 창출하고 있다. AI는 이미지 처리 기술과 딥러닝 알고리즘을 활용하여 방사선 전문의보다 유방암을 진단하는 데 더 높은 정확도를 보였으며, AI가 숙련된 의사보다 피부암을 더 잘 식별하는 것으로 알려져 있다(IBM Education, 2023). 민감한 장기나 조직 주변을 수술하는 경우에도 AI 로봇을 활용하면 출혈, 감염 위험 및 수술 후 통증 등을 줄일 수 있어 의료 분야에서 큰 이점을 제공한다.

AI가 건강이나 의료 분야에서 성공적으로 활용된 사례를 살펴보면 다음과 같다. 미국의 워봇헬스는 AI 기반의 정신 건강 챗봇 '워봇(Woebot)'을 개발하여 환자의 수요 증가와 심리상담사 부족 문제를 해소하였다. AI는 방대한 심리학적 지식, 상담 기록 및 대화 등의 데이터를 분석하고 패턴을 예측하여, 사용자에게 맞춤형 조언을 제공하는 등 초기 단계의 우울증이나 불안 증상 등을 완화하는 데 도움을 준다(송민경, 2024). 또 캐나다의 블루닷은 코로나19 팬데믹 초기에 세계보건기구(WHO)가 공식적으로 경고하기에 앞서 우한에서 발생한 코로나19 사태를 경고하였다. AI를 통해 전 세계의 뉴스, 동물 질병, 해충 변화, 항공기 이동 등의 데이터를 실시간으로 분석하여 바이러스 확산 경로를 예측하였으며, 이는 전염병 확산을 방지하고 공중 보건 전략 수립에 크게 기여하였다(정도범, 2020). 최근 스마트워치도 건강 모니터링 기능이 강화되면서 의료 분야의 보조 수단으로 활용되는 추세다. 갤럭시워치 또는 애플워치의 심전도(ECG) 측정 기능은 심방세동(심장 부정맥의 일종) 징후를 감지하여 심장 질환을 관리하는 역할을 한다. 의사들도 환자에게 스마트워치를 사용하여 심방세동 발작을 조기에 감지할 것을 권유하고 있다(황수연, 2024).

세계 최대 정보기술(IT) 전시회로 불리는 'CES 2024'에서도 AI를 결합한 다양한 건강 관리 설루션(solution)이 소개되었다(임솔, 2024). AI 기반 스마트미러는 음성과 동작 인식, 의도 감지를 통해 정신 건강 상태를 확인하고 현재 상태에 따라 명상, 영상, 운동 등 다양한 맞춤형 설루션을 제공한다. 얼굴 셀카를 찍으면 AI를 통해 열한 개의 건강 지표를 측정하는 매직미러, 올바른 호흡법을 코칭하여 스트레스와 불안을 줄여 주는 웰니스 기기, 물체의 거리에 맞게 렌즈를 자동으로 조정하여 눈 근육을 사용하지 않고 집중할 수 있게 해 주는 안경, 효율적인 칫솔질을 유도하고 칫솔질이 되지 않은 부분을 즉각 피드백하는 AI 음성 기능을 갖춘 스마트칫솔 등 일상생활에서 건강 관리를 위한 제품이 많이 등장하였다. 그리고 원격 진료 및 치료 관련 기술도 꾸준히 발전하여, 단지 측정하고 진단 정보를 제공하는 것뿐만 아니라 치료에도 기여하는 방향으로 AI가 널리 적용될 것으로 예측된다.

이와 같이 AI는 건강 문제를 해결하는 데 실질적인 영향을 미치고 있으며, 앞으로도 인간의 건강 증진 및 의료 혁신을 이끌어 갈 것이다. 일론 머스크의 뇌 신경과학 스타트업 '뉴럴링크'는 이미 인간의 뇌에 컴퓨터 칩을 이식하는 데 성공하였으며, 이를 통해 칩이 인간의 특정 생각이나 행동 등을 할 때 나오는 뇌파를 분석해 기계에 전달하는 것을 기술 개발의 목표로 한다(박찬, 2024). 일론 머스크는 이 기술로 시각 장애인의 시력을 회복할 수 있으며, 사지가 마비된 환자의 근육 운동을 가능하게 할 수도 있다고 주장했다. AI는 이 모든 과정의 중심에 있을 것이며, 이는 BCI(Brain-Computer Interface) 기술의 잠재력을 극대화하는 데 필수적이다. 궁극적으로 AI는 불치병 극복이나 휴먼 증강 기술 개발과 같은 난제를 해결하는 열쇠가 될 것이다.

참고문헌

김동원(2021.7.12). 기술 발전으로 오염된 환경, 기술정점 AI가

해결한다. ≪AI타임스≫,
https://www.aitimes.com/news/articleView.html?idxno=139552
박찬(2024.1.30). 일론 머스크 "인간 뇌에 첫 컴퓨터 칩 이식 성공". ≪AI타임스≫,
https://www.aitimes.com/news/articleView.html?idxno=156858
송민경(2024.4.16). 의료 지원 도구 AI 정신건강 챗봇 '워봇(WOEBOT)' 공개. ≪디지털 비즈온≫,
https://www.digitalbizon.com/news/articleView.html?idxno=2335351
임솔(2024.1.18). 건강상태 측정하고 기분까지 알아주는 AI...CES 2024에서 눈에 띈 'AI' 헬스케어 17가지. ≪메디게이트뉴스≫,
https://medigatenews.com/news/3944294480
정도범(2020). 뉴노멀 시대의 과학기술 데이터 기반 R&D 전략: 데이터의 분석과 활용 관점에서. ≪KISTI ISSUE BRIEF≫, 제24호.
정한영(2024.9.2). 美 국무부, NASA와 AI 대기질 예측 시스템 '제프에어'...실시간 대기질 데이터 제공하는 강력한 도구로. ≪인공지능신문≫,
https://www.aitimes.kr/news/articleView.html?idxno=32097
황수연(2024.8.17). 심방세동 발작도 감지? WSJ "스마트워치, 의사들이 먼저 권한다". ≪중앙일보≫,
https://www.joongang.co.kr/article/25271169
IBM Education(2023.7.11). 의료 분야에서 AI의 이점. IBM,
https://www.ibm.com/kr-ko/think/insights/ai-healthcare-benefits

06
잘못된 정보를 제공하는 AI

생성형 AI는 편향된 결과물을 생산하기도 하고 잘못된 정보를 확산하기도 한다. 우리는 AI로부터 획득한 정보를 그대로 활용해서는 안 되며, 항상 검증하는 자세를 가져야 한다. AI가 올바른 정보를 제공하기 위해서는 기술적인 개선도 필요하지만, 인간의 생각과 행동이 편향될 수 있다는 점도 고려해야 할 것이다. 인간과 AI가 함께 신뢰할 수 있는 환경을 만들어 가는 것이 중요하다.

AI와 야구?

편향된 결과물의 생산

2020년 12월 22일에 스캐터랩에서 정식 오픈한 AI 챗봇 '이루다'는 동성애나 성소수자, 장애인에 대한 혐오 발언 등을 포함한 각종 논란으로 2021년 1월 11일에 서비스를 중단했다. 2016년에 마이크로소프트에서 개발한 AI 챗봇 '테이'가 '부시가 9 · 11 테러를 꾸몄다', '히틀러는 틀리지 않았다', '여성 인권 = 오늘의 농담' 등과 같은 부적절한 발언으로 출시 16시간 만에 서비스를 종료한 사례도 있었다. 또 미국의 일부 지역에서 사용된 AI 기반의 재범 예측 시스템 '컴퍼스(COMPAS)'는 백인보다 흑인을 훨씬 더 위험하다고 예측하여 특정 인종을 차별하는 편향을 보였으며, 아마존이 개발한 채용 AI 시스템이 여성 지원자를 차별한 것도 널리 알려진 사례다. 보통 AI는 머신러닝(딥러닝) 과정에서 학습 데이터의 규모가 커질수록 성능이 더욱 좋아지는데, 학습 데이터가 편향될수록 특정 집단의 가치관이나 문화 등을 선호하는 결과를 도출한다. 이처럼 학습 데이터의 편향성은 AI 성능과 공정성에 큰 영향을 미치므로, 이를 최소화하는 것이 AI 개발과 활용의 핵심 과제라고 볼 수 있다.

그러면 최근에 가장 주목받고 있는 챗GPT와 같은 생성형 AI는 편향되지 않은 결과물을 생산하는가? 생성형

AI는 사회적으로 논란이 될 수 있거나 부적절한 발언은 철저히 필터링하는 등 많은 개선을 이루었으나, 여전히 다소 편향된 결과물을 생산하고 있다. 예를 들어 챗GPT에게 최고경영자(CEO)의 이미지를 그려 달라고 했을 때 남성의 이미지를 생성하고, 신문을 읽는 사람의 이미지를 그려 달라고 했을 때 백인 남성의 이미지를 생성하는 경우가 대부분이다. 이 외에도 이미지에 대한 구체적인 요구가 없다면 의사와 변호사는 백인 남성의 이미지를 생성하고, 간호사와 승무원은 여성의 이미지를 주로 생성하고 있다. 편향된 결과물 생산은 역시 AI가 학습하는 데이터에 기인하며, 학습 데이터 내 한쪽으로 치우친 편견과 차별 등이 그대로 나타나는 것이다. 생성형 AI는 이와 같은 문제점을 극복하기 위해 버전이 높아질수록 다양한 고품질의 데이터를 확보하고, 충분한 테스트 및 차별적인 요소 조정 등의 과정을 거쳐 생성된 결과물의 편향성을 꾸준히 줄이고 있다. 그리고 사용자도 생성형 AI가 편향된 결과물을 생산할 수 있다는 점을 인지하고 활용하는 것이 요구된다.

다만, 여기서 한 가지 고려해야 할 부분이 있다. AI가 편향된 결과물을 생산하지 않게 하기 위해 양질의 데이터를 확보하고, 데이터에 포함된 불균형, 편견 등을 검토

하여 조정하면 문제는 해결되는 것인가? 생성형 AI는 인간이 남긴 데이터를 토대로 학습하며, 이를 통해 지식을 축적하고 발전한다. 다시 말해, 편향된 학습 데이터는 결국 인간에 의해 만들어진 것이기 때문에, 아무리 많은 데이터를 확보하더라도 인간의 인식이 변하지 않는다면 학습 데이터는 계속 편향될 수밖에 없다. 솔직히 말해, 생성형 AI는 지금도 이미 매우 방대한 규모의 데이터를 학습한 상태이므로, 편향된 결과물의 생산이 단지 AI만의 문제로 보기는 어려울 것이다. 우리는 막연히 범죄자를 생각할 때 백인보다 흑인을 떠올리며, 아무 근거 없이 흑인의 지적 능력이 떨어진다고 판단하기도 한다. 우리는 남녀평등을 강조하지만 아직까지도 사회에는 남녀 차별이 존재하고 있으며, 화이트칼라를 블루칼라보다 우대하는 경향이 있다. 따라서 데이터의 편향성은 인종이나 성별에 대한 차별, 특정 직업에 대해 우리가 가지고 있는 사회적 고정관념 등이 반영된 결과로 해석될 수 있다. 어쩌면 우리는 인간이 가진 편향된 감정을 감추기 위해 AI나 데이터, 알고리즘과 같은 문제로 돌리고 있는 건지도 모른다. 인간이 편향되지 않은 생각과 행동을 할 수 있을 때, 생성형 AI도 비로소 편향 없는 결과물을 생산할 수 있을 것이다.

잘못된 정보의 확산

생성형 AI의 확산으로 인해 잘못된 정보를 제공하는 환각 현상이 사회적으로 큰 문제가 되고 있다. AI '환각(Hallucination)'이란 실제로 존재하지 않거나 사실이 아닌 정보를 마치 진실인 것처럼 그럴싸하게 답변하는 것을 의미한다. 생성형 AI의 신규 버전이 출시되면서 초창기에 비해 많은 성능 개선이 이루어졌지만, 여전히 환각 현상이 발생하고 있다. 가장 잘 알려진 사례는 챗GPT에게 '세종대왕이 맥북프로를 던진 사건'을 질문했을 때 그럴듯한 답변을 제시한 경우다. 이 질문은 보통의 상식을 가진 사람이면 말장난임을 알 수 있지만, 똑똑한 AI는 매우 엉뚱한 답변을 생성함으로써 AI가 잘못된 정보를 전달할 수 있는 부작용을 단적으로 보여 준다. 물론, 현재 시점에서 같은 질문을 하면 '실제로 존재하지 않는 사건'이라는 개선된 답변을 하고 있다.

하지만 생성형 AI가 부정확하거나 왜곡된 정보를 전달하는 것을 단순한 해프닝으로 치부한다면 향후 더 큰 사회적 혼란과 신뢰의 위기를 초래할 수 있을 것이다. 2023년, 스티븐 슈워츠(Steven Schwartz) 등의 변호사는 법원의 서류에 가짜 인용문(판례)을 제출한 혐의로 5천 달러의 벌금을 부과받았다. 당시 슈워츠 변호사는 개인 상해에 관한 사례를 조사하기 위해 챗GPT를 사용했으며, 챗GPT가 사건을 조작할 것이라고 상상하지도 못했다고 주장했다. 케빈 카스텔(Kevin Castel) 판사는 변호사가 법률 업무를 지원하기 위해 AI를 사용하는 것이 부적절한 것은 아니나 내용이 정확한지에 대해서는 확인할 필요가 있다고 언급하였다(Carrick & Kesteven, 2023). 해당 사례는 악의라기보다 생성형 AI를 부주의하게 사용한 결과로 볼 수 있으며, AI로 인한 거짓 정보를 경계하고 정보의 정확성을 철저하게 검증해야 함을 시사한다.

세계경제포럼에서 발간한 『2024년 글로벌 위험 보고서(The Global Risks Report 2024)』에 따르면 향후 2년 내 직면할 글로벌 위험 중 AI가 생성하는 잘못된 정보와 허위 정보가 1위로 나타났다. 그리고 향후 10년 내 직면할 글로벌 위험에서도 기상 이변 등과 같은 환경 요인을 제외했을 때 잘못된 정보와 허위 정보가 가장 높은 순위로 나타나, 생성형 AI로 인한 잘못된 정보의 확산이 앞으로 사회적 혼란을 심화할 것으로 전망된다. 최근에는 생성형 AI가 제공하는 잘못된 정보 외에도 딥페이크(AI 기반의 인간 이미지 합성 기술), 딥보이스(AI 기반의 음성 합성 기술) 등을 통해 가짜 뉴스가 확산되고 이러한 기술이 보이스피싱과 같은 범죄에 악용된 사례가 증가하면서 AI에 대한 우려의 목소리가 커지고 있다.

오늘날, 하루에도 수많은 가짜 뉴스가 쏟아지고 있으며, 생성형 AI가 가짜 뉴스를 검색하여 답변에 활용하거나 딥페이크 등이 무분별하게 악용될 경우 우리 사회는 더욱 혼란스러워질 것이다. AI가 많은 혼란을 야기하기도 하나, 아이러니하게도 AI 기술이 발전할수록 AI 환각 문제를 개선할 가능성을 높이고 AI 기술의 악용을 예방하는 대책도 마련할 수 있을 것이다. 이와 함께, AI 기술이 발전하는 만큼 AI를 활용하는 사용자의 능력과 윤리적 책임도 강조된다. 우리는 AI가 제공하는 모든 정보가 정확할 수 없다는 점을 인식하고, 자신이 전문성을 가진 분야일지라도 AI로부터 획득한 정보를 검증하는 자세를 가져야 한다. 또 너무나 당연한 얘기지만 윤리적 기준을 준수하여 AI를 올바른 방향으로 활용해야 할 것이다. 이를 통해 '탈진실' 시대에서 벗어나, 신뢰할 수 있는 환경을 만들어 갈 수 있을 것이다.

참고문헌

나무위키(n.d.). 이루다(인공지능)/1.0.
https://namu.wiki/w/이루다(인공지능)/1.0

나무위키(n.d.). 인공지능 환각.
https://namu.wiki/w/인공지능%20환각

박지민(2023.12.21). AI '환각 현상' 탓에… 사람처럼 보이려 팩트보다 그럴듯하게 답변. ≪조선일보≫, https://www.chosun.com/economy/tech_it/2023/12/21/HMBXS34HFZA7LIRH5JVP7AR7CA

Carrick, D. & Kesteven, S.(2023). This US lawyer used ChatGPT to research a legal brief with embarrassing results. We could all learn from his error. https://www.abc.net.au/news/2023-06-24/us-lawyer-uses-chatgpt-to-research-case-with-embarrassing-result/102490068?utm_campaign=abc_news_web&utm_content=link&utm_medium=content_shared&utm_source=abc_news_web

World Economic Forum(2024). The Global Risks Report 2024, Insight Report, 19th Edition.

07
사생활을 침해하는 AI

AI가 대규모 데이터를 수집하고 학습하는 과정에서 개인정보가 무차별적으로 수집되고 있으며, 유출될 가능성도 있다. 수집된 개인정보를 분석하거나 우리의 주변 어디에서나 존재하는 AI는 인간의 사생활을 감시하고 통제할 수 있을 것이다. 우리가 잘 인식하지 못하는 사이에 AI에 의한 감시가 당연시되고 있다. AI로 인해 발생 가능한 부작용을 이해하고, 기술적, 법적, 사회 · 윤리적 측면에서 충분한 대비가 요구된다.

AI와 윤동주?

개인정보의 무차별적 수집

AI를 개발하기 위해 대규모 데이터를 수집하고 학습시키는 것이 매우 중요한데, 이러한 과정에서 보통 개인정보가 포함된 데이터가 다수 사용된다. 가명 정보(개인정보의 일부나 전부를 삭제·대체하여 추가 정보 없이 특정 개인을 알아볼 수 없는 정보)를 활용하더라도 희귀한 성씨 또는 질병 이력을 가질 경우 안전하지 않으며, 다양한 데이터를 결합할수록 재식별 위험이 증가한다. 그리고 대규모 데이터를 학습한 AI가 분석과 추론 과정을 통해 특정 개인을 재식별할 가능성도 존재한다. 최대한 많은 정보를 학습하고자 하는 AI의 특성은 개인정보를 무차별적으로 수집·활용하는 문제를 초래한다.

실제로, AI는 개인의 검색 기록, 사회 관계망 서비스(SNS) 활동, 신용 평가, 구매 정보, 위치 정보, 건강 정보 등의 다양한 개인정보를 수집·분석하고 있어, 우리가 인식하지 못하고 사이 그러한 정보가 우리의 생활 전반에 자연스럽게 활용되고 있다(정도범·유화선, 2021). AI 기반 맞춤형 서비스는 개인의 취향과 관심사, 행동을 파악하여 개인에게 특화된 광고를 보여 주거나 상품이나 음악, 영상 등을 추천한다. 더 나아가, 스마트폰에 내재된 AI부터 자율주행 자동차, 의료 진단 등에 이르기까지 우리는 AI와 밀접하게 관계하고 있다. 이처럼 편리함을 제공하는 대신 AI에는 개인정보 유출에 대한 심각한 위협이 잠재되어 있으며, 개인정보가 외부로 유출되어 불법적으로 사용될 경우 사생활이 침해될 수 있다. 자신의 감정과 일상 등을 다른 사람들과 공유하는 SNS 활동은 제외하더라도, 우리가 인터넷상에서 검색한 내용, 현재 나의 위치, 온라인 쇼핑 및 건강검진 내역 등을 누군가가 알고 있다고 생각하면 기분이 매우 나쁘고, 동시에 두렵기도 할 것이다. 설령 그 대상이 인간이 아닌 AI라도 말이다. 향후 개인에게 보다 최적화된 맞춤형 서비스를 제공하기 위해서는 AI가 지금보다 훨씬 많은 개인정보를 수집하여 분석해야 하므로, 개인의 사생활이 노출될 가능성이 더욱 증가할 것이다.

또 AI 기반 얼굴 인식 기술은 스마트폰의 잠금 해제나 건물 출입, CCTV 분석 등에 활발하게 활용되고 있다. 얼굴 인식 기술은 안전, 치안, 보안 등의 분야에서 광범위하게 적용되어, 공공장소에서 특정 인물을 식별하여 범죄 행위를 예방하거나 추적하는 것이 가능하다. 하지만 얼굴 인식 기술의 정확도를 제고하기 위해 얼굴 정보를 무차별적으로 수집하여 AI 학습을 위한 데이터베이스를 구축할 수 있으며, 개인의 동신을 추적함으로써 자유로운 활동을 제한하는 등 사생활 침해를 초래할 수도 있다. 특히, 의료 분야에서는 환자의 개인정보, 건강 정보뿐만 아니라 신체 일부까지도 데이터로 기록되기 때문에, 데이터 유출이나 해킹 사고 발생 시 개인의 민감한 정보가 유출되어 치명적인 피해를 줄 수 있을 것이다. 이에 따라, 개인정보 보호에 대한 중요성이 점점 강조되고 있다.

AI 기술이 주목받으며 빠르게 발전하고 있는 현대 사회에서 AI로 인한 개인정보 오남용, 사생활 침해 등의 문제는 기술적 측면을 넘어 법적, 사회 · 윤리적 측면의 이슈로 확대되고 있다. 우리는 AI 시스템의 기술적 보안 강화와 함께, 제도적 장치를 마련하고 개인정보 보호를 위한 사회적 합의를 이룰 필요가 있을 것이다. 개발자는 무차별적 개인정보 수집으로 인한 위험성을 인식해야 하며, 사용자는 개인정보가 어떻게 수집되어 사용되는지를 이해하고 개인정보 보호를 위해 더욱 주의를 기울여야 할 것이다. 이와 같이 개인정보 보호를 위한 다각적인 측면의 노력이 요구된다.

AI로 인한 감시와 통제

1949년에 출간된 조지 오웰의 소설 『1984』는 24시간 송수신이 가능한 '텔레스크린'에 감시당하는 사람들의 삶을 묘사하고 있다. 그가 이 소설을 쓰기 시작할 당시만 해도 정부가 국민을 감시하고 개인의 생각과 행동을 통제한다는 상황은 단지 상상에 불과했지만, 이러한 상상은 점점 현실이 되어 가고 있다. 오늘날, 사람들이 항상 들고 다니는 스마트폰을 통해 사소한 행동 하나하나까지 모두 데이터로 기록되어, 우리가 누구를 만나는지, 무엇을 즐겨 보는지, 어떤 물건을 사는지 등도 쉽게 파악될 수 있다. 주택가나 상점, 도로 등 곳곳에 설치된 CCTV를 통해 우리의 일거수일투족을 감시할 수 있고, 누군가 인공위성을 나쁘게 활용한다면 우리가 집 안에서 무엇을 하고 있는지도 쉽게 확인할 수 있다. 잘 인식하지 못하는 사이에 우리는 감시가 당연시되고 일상화된 시대에 살고 있는 것이다.

이와 비슷하게, AI 활용에는 국민의 안전을 지키고 범죄를 예방하기 위한 긍정적인 효과도 존재하나, 우리 사회의 감시와 통제를 더욱 강화하는 부정적인 측면도 있다. AI는 기록된(안 좋은 의미로 표현하면 '감시된') 데이터를 수집 및 분석하여 사람들을 통제하거나 개인의 생각과 행동을 예측하는 데 활용된다. 중국에서는 얼굴을 인식하는 단순 감시에서 감정까지도 예측하는 방식으로 AI 기술이 진화하고 있으며, 러시아, 멕시코 등은 정부에

반대하는 인사를 감시하기 위해 AI 시스템을 활용하는 것으로 알려져 있다(중앙선데이, 2023). 국가뿐만 아니라 기업에서도 AI를 활용한 영상이나 음성 모니터링을 통해 노동자의 근태를 관리하거나, AI로 노동자의 특성과 행동 등을 분석하여 노조에 합류할 가능성이 있는 노동자를 분류하여 감시하기도 한다.

머지않아 AI는 우리의 주변 어디에서나 존재하게 되어, AI로 인한 감시와 통제는 훨씬 심해질 것이다. 영화 〈마이너리티 리포트〉에서는 사람들이 거리를 지나갈 때마다 홍채 인식을 통해 개인을 식별한 뒤, AI가 개인정보를 활용하여 맞춤형 광고를 재생하는 장면이 등장한다. 이는 지금 우리가 어디서 무엇을 하고 있는지를 감시당하고 있으며, 과거에 무엇을 했는지도 쉽게 확인이 가능하다는 점을 보여 준다. 지금도 오프라인에서는 CCTV, 그리고 온라인에서는 디지털 발자국(개인이 온라인에서 활동하며 남긴 데이터나 흔적) 추적을 통해 개인에 대한 많은 정보를 파악할 수 있으며, AI 기술을 잘 활용하면 내일 어디를 갈 것인지, 무엇을 할 것인지 등도 정확하게 예측할 수 있을 것이다. 칼이 사람을 살릴 수도 있고 해칠 수도 있는 것처럼 AI에도 빛과 그림자가 존재하므로, AI로 인한 부정적인 측면을 깊이 이해하고 충분히 대비해야 할 것이다.

참고문헌

나무위키(n.d.). 1984(소설). https://namu.wiki/w/1984(소설)

임재완(2024.6.4). 양면성의 공존: 머신러닝과 프라이버시 침해. SAMSUNG SDS, 인사이트 리포트, https://www.samsungsds.com/kr/insights/machine_learning_privacy_240604.html

정도범·유화선(2021). 인간과 인공지능(AI)의 공존을 위한 사회·윤리적 쟁점: 신뢰할 수 있는 인공지능 실현 방안. ≪KISTI ISSUE BRIEF≫, 제35호.

중앙선데이(2023.12.9). 암울한 미래로 이끌 AI? 유토피아 가는 문 열쇠 될 수도. ≪중앙일보≫, https://www.joongang.co.kr/article/25213427

최재운(2024.6.20). AI에 사고와 판단을 맡겨버린 인류. 브런치스토리, https://brunch.co.kr/@plutoun/166

08
인간 생존을 위협하는 AI

AI가 인간의 통제 범위를 벗어날 우려가 끊임없이 제기되고 있으며, 미래에 AI가 인간의 지능을 넘어서게 되면 인류에게 큰 위협이 될 수 있다. 현대 전쟁은 이미 'AI 전쟁'으로 불릴 만큼 AI가 전쟁의 판도를 바꾸고 있으며, 악의적인 목적으로 자율살상무기를 사용할 경우 심각한 재앙을 초래할 수 있다. 우리 사회에 인간의 윤리가 제대로 정착되었을 때, 인간과 AI가 조화롭게 공존할 수 있을 때 인류의 위기를 기회로 바꿀 수 있을 것이다.

AI와 한의학?

인간의 통제를 벗어난 AI

AI가 인간의 통제 범위를 벗어나 인류에게 재앙을 초래할 것이라는 우려가 끊임없이 제기되고 있다. 요즘음 AI '탈옥(Jailbreak)'이란 용어가 종종 언급되고 있는데, AI가 개발자가 설계한 규칙이나 제약, 안전장치 등을 무시하고 비정상적으로 작동하거나 의도하지 않은 방식으로 활용되는 것을 의미한다. AI 개발자는 이러한 탈옥을 방지하기 위해 다양한 안전장치를 마련하고 검증 체계를 강화하고 있으나, AI를 완벽히 통제하기란 쉽지 않으며 AI 시스템의 규모가 커지면서 점점 더 어려워지고 있다. 최근에 GPT-4o 등 생성형 AI를 탈옥시켜 폭탄이나 마약 제조법 등 위험한 지시를 제한 없이 수행한 사례가 공개되기도 하였다.

우리는 윤리적이고 책임감 있는 AI 기술의 개발과 사용을 통해 인간이 AI를 통제할 수 있도록 노력해야 할 것이다. '로봇 3원칙(Three Laws of Robotics)'은 AI와 관련된 윤리를 논의하는 시발점이 되었다고 볼 수 있으며, 1942년에 아이작 아시모프의 단편 소설 「런어라운드(Runaround)」에서 제시된 개념이다. 로봇 3원칙은 "첫째, 로봇은 인간에게 해를 가하거나 혹은 행동하지 않음으로써 인간에게 해를 입혀서는 안 된다", "둘째, 로봇은 제1원칙에 위배되지 않는 한, 인간의 명령에 복종해야 한다", "셋째, 로봇은 제1원칙과 제2원칙에 위배되지 않는 한, 로봇 자신을 보호해야 한다"와 같다. 얼핏 보면 AI나 로봇의 윤리적이고 안전한 행동을 보장하는 것 같지만, 불완전성이 존재한다. 예를 들어, 'B 지역을 탐색하라'라는 인간의 명령과 '자신을 지켜야 한다'라는 원칙이 서로 충돌하기도 한다. 인간의 명령을 따르기 위해 B 지역으로 다가갔으나, 위험한 가스가 분출되어 자신을 지키기 위해 물러서는 행동을 반복하며 주변을 서성이기만 할 수 있다. 또는 인간에게 해를 끼치지 않는다는 원칙을 따르기 위해 다양한 위협 요인들로부터 인간을 보호한다는 명목으로 인간을 가둬 놓고 통제하는 사태가 발생할 수도 있다. 이와 같이 AI가 인간이 예측하지 못하는 상황에서 인간의 통제를 벗어날 수 있다는 점을 항상 인식할 필요가 있을 것이다.

AI가 인간의 통제를 벗어나 행동할 경우, 인간의 안전과 생명, 재산 등에 커다란 위협이 될 수 있다. 이에 대비하여 과거에 아이작 아시모프가 제시한 '로봇의 3원칙'을 능가하고 현대 사회에 적용할 수 있는 새로운 AI 원칙을 마련해야 할 것이다. 그리고 먼저 우리 사회에 인간의 윤리가 제대로 정착되었을 때 AI의 윤리적으로 안전한 행동도 가능할 것으로 판단된다.

인간의 지능을 넘어선 AI

『특이점이 온다』의 저자인 레이 커즈와일은 2045년이면 AI가 인간의 지능을 초월하는 시점인 '싱귤래러티(Singularity)'가 올 것으로 예측하였다. 또 그는『특이점이 더 가까워졌다(The Singularity is Nearer)』라는 최신 저서를 통해 몇 년 내 AI가 인간의 지능 수준에 도달하고, 언젠가 AI가 우리 내면으로 들어가게 될 것이라고 주장하였다. 시점을 다소 다르게 예측하기도 하지만, 미래학자들은 AI가 인간의 지능을 넘어선다는 점을 공통적으로 제시하고 있다.

『슈퍼 인텔리전스』의 저자인 닉 보스트롬은 초지능으로 인해 파멸이란 결말을 맞이할 수 있음을 언급하였다. 그는 인간의 지능을 넘어선 AI는 지구에 기원한 생명체들의 미래를 좌지우지할 수 있으며, 인간이 가진 사고나 가치와 전혀 다른 최종 목표를 지향할 가능성도 있다고 설명했다. 또 AI의 발전으로 인한 결과가 인간의 삶을 풍요롭게 만들 수 있지만, 인간에게 반드시 이익만을 제공할 것으로 믿어서는 안 된다고 주장했다. 따라서 초지능을 가진 AI가 인간의 의도를 왜곡할 수도 있으며, 이러한

AI가 인간을 어떻게 바라보고 판단하는지에 따라 인류에게 큰 위협이 될 수 있을 것이다.

그리고 초지능적 AI는 AI에 대한 인간의 의존을 강화하여 인간의 정체성, 사회성이 상실되는 사회를 초래할지도 모른다. 인간이 AI에게 모든 것을 물어보고 의사 결정을 하거나 AI가 스스로 판단하여 일을 처리함으로써 인간의 뇌가 퇴화하는 상황도 충분히 발생할 수 있을 것이다. 최근에 'AI 디바이드(AI를 효과적으로 활용하는 사람과 그렇지 못한 사람 간의 격차)'가 중요하게 다뤄지고 있는데, 미래에는 AI 디바이드를 넘어 뇌를 잘 활용하는 사람과 그렇지 못한 사람 간의 격차인 '브레인 디바이드'까지 주요 이슈로 등장할 것으로 판단된다.

초지능적 AI는 인류에게 기회이자 위험이 될 수 있다. 인간의 지능을 넘어선 AI에 대비하여 우리가 무엇을 해야 하는지에 대한 고민이 필요한 시점이다. 아울러, 우리가 AI에게 어디까지 의존할 것인지, 인간의 어떤 능력을 강화해야 하는지 등과 같이 인간과 AI가 조화롭게 공존할 수 있는 방안을 찾아 나가야 할 것이다.

AI의 군사화·무기화

AI가 방대한 데이터를 학습하는 과정에서 예상하지 못

한 행동을 습득하거나 악한 사람들이 AI 기술을 오용함으로써 인류에게 위협이 될 수 있다. 구글의 전 최고경영자(CEO)인 에릭 슈미트는 AI 기술에 아주 많은 사람들이 해를 입거나 죽을 수 있는 '실존적 위험(고도로 발전된 AI가 인간의 생존을 위협하는 상황)'을 경고하였다. 즉, 사고하는 과정을 모르는 AI, 악의적인 목적을 가진 AI 활용 등으로 발생하는 위험은 인류 파괴를 야기할 수 있을 것이다(유화선 외, 2024).

AI는 이미 군사 기술 분야에서 혁신을 일으키고 있으며, 전쟁에서 AI의 역할이 점점 더 중요해지고 있다. 러시아 · 우크라이나 전쟁에서 우크라이나군은 AI 프로그램인 'GIS 아르타'를 통해 적군의 위치를 식별하고 가장 가까운 또는 가장 효율적인 무기를 보유한 부대에 공격 명령을 내림으로써 빠른 시간 내 정확한 공격을 실행했다. GIS 아르타는 포착된 적을 높은 정밀도로 신속하게 타격할 뿐만 아니라 공격이 진행되는 일련의 과정에서 의사 결정 속도를 기존보다 극적으로 단축했다. 이스라엘 · 하마스 전쟁에서도 이스라엘군은 제거 대상 인물을 선정하는 '라벤더', 그리고 적군의 활동에 따라 제거 대상 건물과 구조물을 선정하는 '가스펠'과 같은 AI 시스템을 사용했다. 또 모든 전쟁에서 적군을 공격하는 데 자율

비행이 가능한 AI 드론이 활용되는 등 AI 기술이 전쟁의 핵심 키워드로 등장하며 현대 전쟁의 판도를 바꾸고 있다.

하지만 부정확한 정보에 의해 또는 공격의 성공률을 높이기 위해 주변에 있는 수많은 민간인 희생자가 발생하고 있으며, AI는 목표 선정 후 공격까지 의사 결정에 주저함이 없다. 이처럼 AI 기반의 자율살상무기는 윤리적 판단 능력 없이 공격을 결정하기 때문에 무고한 사람들을 희생시킬 가능성이 높으며, 인간의 통제를 벗어나 스스로 목표를 설정할 위험도 존재한다. 만약 AI 무기가 테러리스트의 손에 들어간다면 심각한 재앙을 초래할 수 있으며, 전쟁에서 AI로 인해 인간의 역할이 축소되어 과거보다 전쟁을 일으키기 쉬워질 수 있다는 지적도 제기되고 있다.

그럼에도 미래 전쟁에서 AI의 역할은 더욱 커질 것이며, AI 기반의 무기를 어떻게 활용할 것인지는 전적으로 인간의 책임에 달려 있다.

참고문헌

유화선 외(2024). 인공지능 윤리(AI Ethics): 인간과 인공지능의 조화로운 공존 방안. ≪KISTI ISSUE BRIEF≫, 제68호.

Abraham, Y.(2024.4.3). 'Lavender': The AI machine directing Israel's bombing spree in Gaza. *+972 Magazine*, https://www.972mag.com/lavender-ai-israeli-army-gaza

Bostrom, N.(2014). *Superintelligence: paths, dangers, strategies.* 조성진 옮김(2017). 『슈퍼 인텔리전스: 경로, 위험, 전략』. 까치.

Kurzweil, R.(2007). *The Singularity is Near: When Humans Transcend Biology.* 김명남·장시형 옮김(2025). 『특이점이 온다: 기술이 인간을 초월하는 순간』. 김영사.

Kurzweil, R.(2024). 『The Singularity is Nearer: When We Merge with AI』. Viking Press.

Wikipedia(n.d.) Runaround (story). https://en.wikipedia.org/wiki/Runaround_(story)

09
유토피아 대 디스토피아

AI는 인간 활동의 모든 영역에 걸쳐 혁신을 주도할 것이며, 향후 AI를 전기처럼 사용하게 될 것이다. AI 발전은 더 나은 세상으로의 변화를 만들어 갈 수도 있으나, AI가 인간의 통제를 벗어나 인간을 지배하는 암울한 미래가 기다리고 있을지도 모른다. AI가 우리에게 어떤 미래를 가져다줄 것인지를 기다리기보다 어떻게 희망적인 미래를 만들어 갈 것인지 준비가 필요하다. 앞으로의 미래는 우리가 결정한 선택에 따라 크게 달라질 것이다.

AI와 화장품?

낙관적 미래: 더 나은 세상으로의 변화

앞으로 AI 기술의 발전은 더욱 가속화하고 전 산업에서 AI가 광범위하게 적용됨에 따라, 우리의 일상생활뿐만 아니라 사회, 국가, 그리고 전 세계적으로 많은 변화를 일으킬 것이다. AI는 우리의 삶의 질을 크게 높일 것이고, 산업 혁신을 통해 경제적 풍요를 가져올 것이며, 기후 위기, 각종 재난·재해, 에너지·식량 부족, 미지의 영역 개척 등 글로벌 인류 난제를 해결하는 데 기여할 수 있을 것이다. 『로봇의 지배』의 저자인 마틴 포드는 AI는 인간 활동의 모든 영역에 걸쳐 혁신을 주도하고 향후 AI를 전기처럼 사용하게 될 것으로 언급하며, AI가 가져올 미래의 중요성을 강조했다. 즉, 전기가 산업혁명 이후 우리 사회에 커다란 혁신을 일으킨 것과 같이 AI도 유토피아적 세상을 위한 변화를 촉진할 것이며, 조만간 AI 없는 미래는 상상조차 하기 힘들 것이다.

2024년 노벨상의 최대 이슈도 단연 AI다. 노벨 물리학상은 인공신경망을 활용한 머신러닝을 가능하게 하는 기초적 발견과 발명으로 존 홉필드(John J. Hopfield)와 제프리 힌턴(Geoffrey Hinton)이 공동으로 수상했다. 그리고 노벨 화학상은 단백질 설계를 위한 계산법으로 데이비드 베이커(David Baker)와 함께, 단백질 구조 예측으로 데미스 허사비스(Demis Hassabis)와 존 점퍼(John Jumper), 이렇게 총 세 명이 공동으로 수상했다. 특히, 데미스 허사비스와 존 점퍼는 알파고(AlphaGo)로 알려진 구글 딥마인드 팀으로, 단백질 구조를 예측하는 AI 프로그램인 '알파폴드(AlphaFold)'를 개발하여 약 4년간 무려 2억 개 이상의 단백질 구조 예측 결과를 공개했다. 기존의 방법으로는 단백질 접힘 구조를 규명하기 위해 짧게는 몇 개월에서 길게는 몇 년이 걸리거나 십수 년이 걸려도 파악하지 못하는 경우가 있는데, 알파폴드는 신약 개발 가속화 등 생명과학 분야의 혁신을 더욱 촉진할 것으로 전망된다. AI가 순수한 자연과학 분야에서 노벨상으로 선정된 것은 전례가 없는 일인 만큼, 현대 과학계에는 AI의 역할과 잠재적 영향력이 크게 확대되고 있다.

이처럼 AI의 발전은 더 나은 세상을 향한 다양한 변화를 만들어 가고, 인류 문명의 진보에 큰 영향을 미칠 것이다. AI는 전 세계가 직면한 복잡한 현안을 해결하는 핵심 수단으로 활용될 뿐만 아니라 미래에 발생할 수 있는 일을 예측하여 선제적으로 대응하는 데에도 도움을 줄 것이다. 또 불과 몇 년 전까지만 해도 오직 상상 속에서만 가능하다고 생각한 영화 〈아이언맨〉의 AI 비서 '자비스'의 등장이 점차 현실로 다가오고 있다. '자비스'와 같은 AI 개발은 인간의 삶에 매우 깊게 스며들어 생활과 업무 등에서 혁신적이고 긍정적인 미래를 선사할 것이다.

비관적 미래: AI로 인한 위험과 우려

AI가 불러올 희망적인 미래에 대한 기대와 함께 AI로 인한 많은 우려도 존재한다. 영화 〈터미네이터〉 시리즈는 우리에게 AI가 초래하는 디스토피아적 세상을 보여 준다. 영화는 고도로 발달한 AI 컴퓨터 '스카이넷'이 인간의 통제에서 벗어나, 인간을 억압하고 심지어 인류를 멸망시키려는 미래를 강렬하게 묘사하고 있다. 또 영화 〈매트릭스〉 시리즈도 인간이 AI가 만든 가상의 현실에 갇혀 현실 세계와 가상 세계를 명확히 구별하지 못한 채 살아가는 상황을 그리고 있어, AI가 실제 인류를 지배하고 있음을 표현한다. 이 외에도 영화 〈트랜센던스〉에서는 인간의 지적 능력을 초월한 AI 시스템이 단순히 정보를 수집하는 것을 넘어 인간의 행동을 감시하고 통제하는 등 인류의 자유와 안전에 위협이 되는 존재로 발전하기도 한다. 이와 같은 SF 영화의 설정은 AI 발전이 선사하는 무한한 가능성의 이면에 숨겨진 잠재적 위험에 대한 경고로 볼 수 있다.

이미 AI가 일자리를 대체할 것이라는 불안과 기존 산업과의 지속적인 갈등, AI 기술의 오남용, 사생활 침해가 매우 심각한 사회 문제가 되고 있다(정보통신기획평가원, 2023). 또 AI 알고리즘의 결함으로 인한 자율주행 자동차 사고가 빈번히 발생하고 있으며, 인류에게 직접적인 위협이 될 수 있는 킬러 로봇 등 자율 살상 무기가 개발되어 전쟁에 활용되고 있다. 예측하기 어려운 AI 기술의 발전에 대한 우려의 목소리가 커지고 있으며, AI의 오작동이나 통제력 상실 등과 같은 부정적인 측면이 대두되고 있다(유화선 외, 2024). AI 기술의 급속한 발전과 광범위한 적용에 따른 위험성에 대응하여, 유럽연합(EU)은 2024년 3월 13일에 '인공지능 법(AI Act)'을 세계 최초로 통과시켰다. 이 법은 AI에 관한 포괄적 규제를 제시하며, AI 시스템의 위험도를 식별하고 위험 수준에 따른 규제 방안을 마련함으로써 AI의 안전한 사용을 강조하였다.

이처럼 AI 발전과 혁신이 초래할 위험에 대한 경계 및 안전장치가 필요하다는 의견이 꾸준히 제기되고 있다. 영국의 물리학자인 스티븐 호킹은 AI가 인류 멸망을 초래할 수 있으며, "인류가 AI에 대처하는 방법을 익히지 못한다면 AI 기술은 인류 문명사에 최악의 사건이 될 것"

이라고 언급했다. 오픈AI의 최고경영자(CEO)인 샘 올트먼은 AI의 위험성을 경고하며, 국제원자력기구(IAEA)와 같은 국제기구를 만들어 AI 기술을 감시할 것을 제안했다. 테슬라의 CEO인 일론 머스크는 "AI 연구는 악마를 소환하는 것이나 마찬가지"라는 강한 우려를 나타냈고, 2024년 노벨 물리학상 수상자인 제프리 힌턴도 AI가 우리의 통제를 넘어설 수 있다는 점을 강조하며 한시라도 빨리 통제 방안을 마련해야 함을 주장했다.

AI의 미래, 결국 인간의 선택

AI는 인류에게 가장 큰 영향을 미칠 수 있는 기술로 주목받고 있으며, 기존 패러다임의 전환을 일으키고 있다. AI 기술은 우리 세상을 긍정적으로 바꿀 수도 있고, 인류가 AI 기술의 발전 속도를 따라가지 못해 인간의 통제를 벗어난 AI에 오히려 지배당하는 세상이 올 수도 있다. 즉, AI는 인류를 유토피아, 아니면 많은 영화에서 묘사되고 있는 암울한 미래인 디스토피아로 이끌 수 있을 것이다. 한 가지 분명한 것은 AI 기술이 잠재적으로 위험하다고 해서 AI를 완전히 포기하거나 잠시 멈출 수도 없다는 점이다. 그렇다면 과연 AI의 미래는 어떻게 될 것인가?

스티븐 호킹은 항상 "과학기술을 진보시키기 전에 대

중이나 사회가 그에 따른 변화를 수용할 준비가 돼야 한다"라고 주장했다. 이는 인류에게 AI를 포함한 과학기술의 무분별하고 급속한 발전에 대해 울리는 경종이다. 오늘날, 미·중 기술 패권 경쟁이 점점 치열해지는 상황에서 세계 각국은 미래에 대한 진지한 고민보다는 AI 등 초격차 기술 개발을 위한 공격적인 투자에 더욱 집중하고 있다. 우리는 기술 개발에 중점을 두는 데에 비해, 개발된 기술을 활용하여 어떻게 희망적인 미래를 만들어 갈 것인지, 사전에 무엇을 준비해야 하는지 등 구체적인 방향에 대한 모색은 상대적으로 부족하다고 볼 수 있다. 따라서 단지 AI 발전으로 인한 비관적 미래를 걱정하기보다 더 나은 세상으로의 변화를 이끌 수 있도록 준비하고 대응할 필요가 있을 것이다.

결국 AI의 미래는 인간이 어떤 선택을 하느냐에 따라 달라질 것이다. AI 기술을 개발하는 과정에서 인간은 다양한 선택의 순간을 맞이하게 될 것이며, AI를 잘 활용하는 것도, 지나치게 의존하거나 전혀 활용하지 않는 것도 전부 인간의 선택이 될 것이다. 과도한 AI 개발 경쟁에서 벗어나 잠재적 위험에 대비하여 적절한 안전장치를 마련하고, 향후 발생할 수 있는 사회·윤리적 이슈에 대해 올바른 선택을 모색하는 등 다각적인 노력을 통해 유토피아를 향해 나아갈 수 있을 것이다. AI의 미래는 우리의 선택에 따라 다양한 시나리오로 펼쳐질 것이다.

참고문헌

송경은(2018.3.15). "인공지능이 인류 멸망시킬 수도"…경종 울렸던 스티븐 호킹 박사. ≪동아사이언스≫, https://www.dongascience.com/news.php?idx=21755

위키백과(n.d.). 알파폴드. https://ko.wikipedia.org/wiki/알파폴드

유화선 외(2024). 인공지능 윤리(AI Ethics): 인간과 인공지능의 조화로운 공존 방안.≪KISTI ISSUE BRIEF≫, 제68호.

정보통신기획평가원(2023). 『2024 ICT 10대 이슈』, 2024 ICT 산업전망 컨퍼런스 발표자료.

EU Artificial Intelligence Act. https://artificialintelligenceact.eu

Ford, M.(2021). *Rule of the Robots*. 이윤진 옮김(2022). 『로봇의 지배: 인공지능은 어떻게 모든 것을 바꿔 놓았나』. 시크릿하우스.

10
인간과 AI의 공존

AI 기술의 급속한 발전은 거스를 수 없는 시대적 흐름이며, 우리는 제한된 사람만이 아닌 모두를 위한 AI를 실현해야 한다. AI가 우리 모두의 삶에 좋은 영향을 미칠 수 있도록 끊임없이 질문을 제기하고, 이에 대한 답을 찾아가는 과정이 요구된다. AI와 공존하기 위한 신(新)질서를 마련해야 하며, AI와 구별되는 인간이란 존재와 의미에 대해서도 고민해야 할 것이다. 앞으로 인간과 AI의 공존이 일상화되는 시대에서 가장 인간적인 미래, 그리고 가장 인간다운 미래를 모색해야 한다.

종교와 AI?

모두를 위한 AI

19세기 초, 러다이트 운동(Luddite Movement)은 방직기가 노동자들의 일자리를 줄인다는 생각에서 일어난 기계 파괴 운동이다. 흔히 러다이트 운동은 기계가 파괴되었다는 사실 때문에, 기계를 싫어하고 신기술을 반대한 감정적 폭동으로 여겨질 수 있다. 하지만 당시의 상황을 살펴보면 노동자들은 장시간 노동에도 매우 적은 임금을 받았으며, 자본가들은 절박한 이들을 이용하고 착취하여 부유하게 지내고 있었다. 즉, 러다이트 운동은 기계로 인해 다수보다 소수의 자본가만이 혜택을 누리는 행태를 비판하며 벌인 노동 운동으로 볼 수 있을 것이다. 물론, 변화와 혁신에 적응하지 못하고 기계화라는 시대적 흐름을 외면했다는 평가도 여전히 존재하나 좀 더 다각적인 시각에서 러다이트 운동을 바라봐야 하며, 결국 이 움직임은 새로운 기술의 혜택을 한정적인 사람만이 아닌 모든 사람이 누릴 수 있어야 함을 시사한다.

따라서 과거 러다이트 운동의 교훈을 바탕으로, AI 시대에 인간의 역할을 살펴보고 인간과 AI의 바람직한 공존 방안을 모색할 필요가 있다. 오늘날, AI 기술의 급속한 발전은 거스를 수 없는 흐름이며, AI를 올바르게 개발하고 활용·확산하기 위한 다양한 노력이 요구된다.

2017년 1월, 미국 캘리포니아주 아실로마에서 열린 AI 콘퍼런스에서는 AI의 잠재적 위험성을 경계하고 AI를 인류에게 이로운 방향으로 발전시키기 위해 '아실로마 AI 원칙(Asilomar AI Principles)'을 채택했다. 이 원칙은 5개의 연구 이슈, 13개의 윤리와 가치, 5개의 장기적 이슈 등과 같이 총 23개 항으로 구성되었다. 그리고 '인간에게 이로운 혜택을 주는 지능을 개발해야 한다'라는 제1항부터 '초지능(Superintelligence)은 특정 국가나 조직이 아닌 모든 인류의 이익을 위해서만 개발되어야 한다'라는 제23항까지의 내용을 담고 있다. 아실로마 AI 원칙이 발표된 이후, 세계 각국은 윤리적이고 책임 있는 AI 개발을 촉진하기 위해 각종 법안, 규제 및 권고 사항 등을 마련하고 있다.

AI에 관한 원칙이나 기준 수립과 함께, AI 기술이 국가와 사회에 유익한 방향으로 개발되고 활용될 수 있도록 많은 논의가 이루어져야 한다. AI가 우리의 삶에 좋은 영향을 미칠 수 있도록 끊임없이 질문을 제기하고 이에 대한 답을 찾아가는 과정이 중요할 것이다. 앞으로 AI의 발전 속도는 지금보다 훨씬 더 빨라질 것이며, AI 발전으로 인한 거대한 환경 변화 및 부작용 등에 대해 계속 논의하여 해결 방안을 모색해야 한다. 예를 들어, AI가 허위 정보를 생산한다면 검증된 객관적 정보를 제공할 수 있도록 보완하면 되는 것이고, AI로 인한 개인정보 유출 문제에 대해서도 정책 입안자와 개발자 등을 포함한 모든 국민이 함께 소통하여 올바른 해결책을 찾아가면 되는 것이다. AI의 부정적인 측면에 대해 계속 비관하기보다 이를 긍정적인 방향으로 개선할 수 있도록 다양한 논의를 통해 보다 많은 사람들이 혜택을 누릴 수 있는, 즉 모두를 위한 AI를 실현해야 할 것이다.

물론, AI의 발전은 예상하지 못한 상황도 초래할 것이고, AI와 관련하여 아직 해결하지 못한 이슈도 다수 존재한다. 가장 대표적으로 언급되는 이슈는 '트롤리 딜레마(사람들에게 브레이크가 고장이 난 트롤리 상황을 제시하고 다수를 구하기 위해 소수를 희생할 수 있는지를 판단하게 하는 문제 상황)'다. 트롤리 딜레마는 단지 다수와 소수의 이슈를 넘어, 탑승자와 보행자, 젊은이와 노약자, 남성과 여성 등 우선시해야 할 가치에 대한 고민을 불러일으킨다. 특히, 트롤리 딜레마에 대한 의견은 국가마다 다를 뿐만 아니라 경제, 문화 등과도 깊은 연관이 있다. 한국, 중국, 일본 등 노약자를 존중하는 문화권의 국가는 노약자를 살린다는 비율이 높은 반면, 영국, 프랑스, 그리스 등은 젊은이를 살린다는 비율이 높은 경향이 있다. 또 인간이 자신을 죽이라는 명령을 AI에게 지시한다면 AI는 명령을 수행해야 하는지, 거부해야 하는지 등과 같은 의사 결정 이슈도 여전히 해결해야 할 숙제로 남아 있다. 비록 아직 AI에 관한 원칙이나 가치, 기준, 권고사항 등을 배포하는 수준에 머물고 있으나, 미래에 발생할 수 있는 다양한 상황에 대해 구체적으로 논의하고 국가·사회적 합의를 거쳐 사전 대응함으로써 AI가 우리에게 좋은 영향력을 미치는 희망적인 미래를 만들어 갈 수 있을 것이다(정도범·유화선, 2021).

결국 인간과 AI의 바람직한 공존을 위해서는 AI 기술의 발전과 인간의 책임 간 적절한 균형이 요구된다. AI 기술의 발전이 대단히 빠르면 인간의 책임 및 통제 범위를 벗어날 수 있으며, 인간의 책임만을 너무 강조한다면 AI 기술의 발전을 저해할 수 있을 것이다. 이와 더불어, AI가 인간을 위협할 것이라 생각하기보다 AI를 인간의 부족한 능력을 보완하고 협업할 수 있는 개체로 인식해야 할 것이다(유화선 외, 2024). 다만, AI에 대한 과도한 의존은 지양해야 하며, AI가 일상의 동반자, 혁신의 조력자가 될 수 있는 환경을 다함께 만들어 나가는 것이 중요하다.

AI가 인간에게 주는 의미

2016년 3월, 구글 딥마인드가 개발한 AI 바둑 프로그램인 '알파고(AlphaGo)'와 대국에서 1승 4패로 패배한 이세돌 9단은 "알파고는 인간이 아니니까…. 인간이 자동차와 달려서 이길 수 없는 것과 마찬가지 아닐까?"라고 언급한 적이 있다. 당시 이세돌 9단의 인터뷰 내용은 현재의 우리에게 시사점을 제시한다. 인간은 동물보다 힘이 세거나 빨리 달리지도 못한다. 그리고 인터뷰 내용과 같이 인간은 자동차와 달려서 이길 수 없으며, 사무실의 컴퓨터나 공장의 기계보다 빠르게 작업을 할 수도 없다. 하지만 인간은 동물과 기계 등을 결코 인간의 경쟁자로 생각하지 않고, 빨리 달릴 수 있는 자동차가 있다고 해서 인간이 달리기를 관둔 것도 아니다. 달리기에는 단순히 빠른 이동이란 가치를 넘어, 취미나 건강 관리, 삶의 여유 등과 같은 또 다른 의미가 존재한다. 즉, 이세돌 9단이 언급한 "알파고는 인간이 아니니까…"라는 표현은 AI와는 구별되는 인간만이 가진 무언가를 얘기하고 싶었던 것일지도 모른다.

과거의 산업화 시대에 기계가 인간이 가진 신체 능력을 대체했다면, 앞으로 AI는 인간이 가진 지적 능력을 대체하거나 훨씬 뛰어넘는 수준까지 발전할 것으로 예측된다. 육체노동, 단순 연산을 행하는 것뿐만 아니라 주어진 상황에서 가장 합리적인 의사 결정을 내리고 과거에 풀지 못한 난제를 해결하는 등과 같이 AI는 고도의 지적 능력을 발휘할 것이다. 그럼 과연 AI가 지금보다 훨씬 더 발전한다면 인간의 모든 것들을 대체할 수 있을 것인가? 해당 질문에 대해 결론부터 얘기하면 '아니요'라고 대답할 수 있을 것이다. AI가 인간의 능력을 보완하여 효율성을 높이고 편리함을 제공할 수 있으나, 인간의 생각하는 능력이나 감정, 직관 등을 완전히 대체하기 어렵다. AI는 데이터와 알고리즘을 기반으로 학습하고 판단한다는 점에서 인간만이 가진 본질적 사고(思考)는 모방하기 힘든 영역으로 볼 수 있다. 다시 말해, 인간이 삶의 본질과 의미를 탐구하고, 자신이 한 행동을 후회하고 반성하거나, 인간관계에서 서로 공감하고 신뢰를 형성해 나가는 것은 AI가 결코 대체할 수 없는 인간 고유의 영역으로 사료된다.

따라서 AI의 발전은 인간이란 존재에 대해 면밀히 생각하고 고민할 수 있는 시간을 우리에게 제공한 것은 아닐까? 오늘날, 각자의 삶에 몰두하며 바쁘게 살아가느라 점점 삭막해지는 사회적 분위기 속에서 AI로 인한 많은 이슈와 쟁점은 인간에 대한 성찰과 삶의 가치 등에 대해 다시 한번 숙고할 좋은 기회가 될 것이다. 최근에 자주 언급되고 있는 "AI가 인간을 다치게 하는 결정을 허용해도 될 것인가?", "AI가 윤리성을 가질 수 있을까?", "AI에게 사고에 대한 책임을 물을 수 있을까?", "투명성과 책임성이 확보되면 AI 윤리가 보장되는가?" 등과 같은 질문도 엄밀히 따지면 AI가 아닌 인간을 이해하는 논의로 해석할 수 있을 것이다. 이는 인간의 윤리, 도덕성, 지향하는 가치에 대해 깊이 있는 사고를 요구하며(유화선 외, 2024), 결국 인간이란 존재의 의미를 발견하고 더 나은 인간의 미래를 모색하는 이정표를 제시할 수 있지 않을까 한다.

앞으로 인간과 AI의 공존이 일상화되는 시대에는 기존의 옳고 그름에 차이가 존재할 수 있고, 기존에 경험하지 못한 문제들이 새롭게 등장할 수도 있을 것이다. 과거부터 인간은 생각하는 능력을 활용한 끊임없는 탐구를 통해 빠르게 변화하는 환경에 잘 대처하고 적응했다. 다가올 미래에도 분명히 AI를 고려한 신(新)질서를 마련할 것이며, 인간의 의미와 올바른 역할도 도출할 수 있을 것이다. 'AI 낙관론과 비관론'에 대한 논의는 가장 인간적인 미래, 그리고 가장 인간다운 미래를 찾아가는 인간만의 여정이 될 것이다.

참고문헌

나무위키(n.d.). 러다이트 운동.
https://namu.wiki/w/러다이트%20운동

소프트웨어야놀자(n.d.). 인공지능 윤리 〉 Chapter 4. 인공지능의 책임성.
https://www.playsw.or.kr/artificial/textbook/detail/45

위키백과(n.d.). 러다이트 운동.
https://ko.wikipedia.org/wiki/러다이트_운동

유화선 외(2024). 인공지능 윤리(AI Ethics): 인간과 인공지능의 조화로운 공존 방안. ≪KISTI ISSUE BRIEF≫, 제68호.

정도범·유화선(2021). 인간과 인공지능(AI)의 공존을 위한 사회·윤리적 쟁점: 신뢰할 수 있는 인공지능 실현 방안. ≪KISTI ISSUE BRIEF≫, 제35호.

Asilomar AI Principles.
https://futureoflife.org/open-letter/ai-principles

유화선

한국과학기술정보연구원의 선임연구원으로 근무 중이다. 성균관대학교 국정전문대학원에서 행정학 박사학위를 받았다. 주요 연구 분야는 과학기술 정책, 정책 분석 및 평가, 데이터·AI 전략, 협력 네트워크 등이다. "인간과 인공지능(AI)의 공존을 위한 사회·윤리적 쟁점"(2021), "논문 키워드 분석을 통한 인공지능의 주요 이슈에 관한 고찰"(2022), "텍스트 마이닝을 활용한 데이터 정책 연구동향 분석"(2023), "인공지능 윤리(AI Ethics): 인간과 인공지능의 조화로운 공존 방안"(2023) 등 다수의 논문 및 보고서를 저술했다. '인공지능(AI) 안전성, 신뢰와 윤리 정책아이디어 공모전'(2024)에서 최우수상, 한국스마트미디어학회 학술대회에서 "인공지능 윤리 글로벌 공동연구 네트워크 탐색"(2024)으로 우수논문상을 수상했다.

정도범

한국과학기술정보연구원의 책임연구원으로 근무 중이다. 연세대학교 기술경영학협동과정에서 경영학 박사 학위를 받았다. 주요 연구 분야는 과학기술 정책, 기술 경영 및 전략, 인공지능, 연구사업 평가, 중소기업 지원 등이다. 과학기술정보통신부, 정보통신기획평가원, 정보통신산업진흥원 등 평가위원으로 활동하고 있다. "인간과 인공지능(AI)의 공존을 위한 사회·윤리적 쟁점"(2021), "논문 키워드 분석을 통한 인공지능의 주요 이슈에 관한 고찰"(2022), "토픽 모델링을 활용한 인공지능의 트렌드 분석”(2023) 등 다수의 논문 및 보고서를 저술했다. “일상 속으로 스며드는 디지털기술”(2023) 등을 기고했고, ‘인공지능(AI) 안전성, 신뢰와 윤리 정책아이디어 공모전’(2024)에서 최우수상을 수상했다.